Mark Twain

Die Tagebücher von Adam und Eva und weitere Erzählungen

MARK

TWAIN

DIE TAGEBÜCHER VON ADAM UND EVA

und weitere Erzählungen

Aus dem Amerikanischen von
Ana Maria Brock, Otto Wilck, Günther Klotz,
Helmut und Christel Wiemken

NIKOL
VERLAG

Die Erzählungen *Das Tagebuch von Adam und Eva; Die Geschichte des Kaliforniers; Romanze eines Eskimomädchens; Eine Geschichte ohne Schluß* stammen aus: Mark Twain: *Die besten Geschichten*. Ausgewählt und eingeleitet von Johannes Kleinstück und Burton S. Pike. Aus dem Amerikanischen neu übertragen von Helmut und Christel Wiemken (Diese Ausgabe erschien erstmals 1960 als Band 234 der Sammlung Dieterich im Carl Ed. Schünemann Verlag, Bremen; Sammlung Dieterich ist eine Marke der Aufbau Verlage GmbH & Co. KG).

Die Erzählungen *Kannibalismus auf der Eisenbahn; Die McWilliamses und die Alarmanlage; Gefahren im Bett* stammen aus: Mark Twain: *Ausgewählte Werke in zwölf Bänden* (Hrsg. Karl-Heinz Schönfelder), Bd. 1: *Der berühmte Springfrosch von Calaveras. Erzählungen*. Aus dem Amerikanischen von Günther Klotz, Aufbau-Verlag, 1963.

Die Erzählung *Der Mann, der Hadleyburg korrumpierte* stammt aus: Mark Twain: *Ausgewählte Werke in zwölf Bänden* (Hrsg. Karl-Heinz Schönfelder), Bd. 10: *Der geheimnisvolle Fremde. Erzählungen*. Aus dem Amerikanischen von Ana Maria Brock und Otto Wilck.

Genehmigte Lizenzausgabe 2021 für
Nikol Verlagsgesellschaft mbH & Co. KG, Hamburg

Satz: Röser MEDIA GmbH & Co. KG, Karlsruhe
Umschlaggestaltung: Nele Schütz Design unter
Verwendung von shutterstock/milezaway
Druck: CPI Moravia Books s.r.o.
Printed in the Czech Republic

ISBN: 978-3-86820-640-1

Besuchen Sie uns im Internet:
www.nikol-verlag.de

INHALT

DIE TAGEBÜCHER VON ADAM UND EVA

Erster Teil: Auszüge aus Adams Tagebuch

Montag. Dieses neue, langhaarige Geschöpf ist mir ziemlich im Wege. Ständig lungert es herum und läuft hinter mir her. Das ist sehr lästig, denn ich bin nicht an Gesellschaft gewöhnt. Ich wollte, es bliebe bei den anderen Tieren. – Es ist wolkig heute, dazu Ostwind; ich denke, wir werden Regen bekommen. – Wir? Woher habe ich nur dieses Wort? Nun, ich entsinne mich – das neue Geschöpf gebraucht es.

Dienstag. Untersuchte die großen Wasserfälle – mir scheint, sie sind das Schönste auf dem ganzen Gelände. Das neue Geschöpf nennt sie die Niagara-Fälle – weshalb, ist mir durchaus unerfindlich. Es behauptet, sie sähen aus wie die Niagara-Fälle. Aber ist das ein Grund? Eigensinn und Dummheit ist es. Ich jedenfalls sehe keinerlei Anlaß, irgendetwas von mir aus mit Namen zu versehen. Aber dieses neue Geschöpf benennt einfach alles, was ihm in den Weg kommt, bevor ich überhaupt Einwände erheben kann. Und immer geschieht es unter dem gleichen Vorwand – ›weil es eben so aussähe‹! Da ist zum Beispiel der Dodo. Diese Behauptung – in dem Moment, in dem man ihn erblickt, wüßte man auch schon, daß er ›Wie ein Dodo aussieht‹! Der Name wird nun an ihm hängenbleiben, kein Zweifel. Ach, ich bin es satt, mich darüber zu ärgern; außerdem nützt es ohnehin nichts. Aber – Dodo! Er sieht einem Dodo nicht ähnlicher als ich.

Mittwoch. Baute mir einen Schutz gegen den Regen, konnte ihn aber nicht in Frieden für mich haben. Das neue Geschöpf drängte sich mit hinein. Als ich es an die Luft setzen wollte, vergoß es Wasser aus den Löchern, mit denen es sieht, wischte es mit dem Rücken seiner Klauen ab und gab den gleichen Laut von sich wie einige andere Tiere, wenn sie sich elend fühlen. Ich wollte nur, es ließe das Reden – es redet unaufhörlich. Das klingt, als wollte ich der armen Kreatur einen Vorwurf daraus machen; aber so ist es nicht gemeint. Ich habe einfach nie zuvor eine menschliche Stimme gehört – jedes neue und fremde Geräusch, das in die feierliche Stille dieser träumenden Einsamkeit hereintönt, beleidigt mein Ohr wie ein falscher Klang. Überdies ist mir das neue Geräusch so nahe – so dicht an meiner Schulter, erst an der einen Seite, dann an der anderen – ich bin eben nur an Laute gewöhnt, die in einiger Entfernung erklingen.

Freitag. Mit dem Benennen geht es rücksichtslos weiter, was ich auch dagegen unternehme. Für das Gelände hier hatte ich einen ausgezeichneten Namen, der hübsch und angenehm klang – Garten Eden. Wenn ich allein bin, nenne ich es noch immer so – aber nicht mehr in der Öffentlichkeit. Das neue Geschöpf behauptet nämlich, es bestünde nur aus Wald und Felsen und Landschaft und hätte infolgedessen keinerlei Ähnlichkeit mit einem Garten. Seines Erachtens sähe es aus wie ein Park – wie nichts anderes als ein Park. Und folglich hat es – ohne daß ich gefragt worden wäre – einen neuen Namen bekommen: Park der Niagara-Fälle. Das ist rücksichtslos genug, scheint mir. Aber schon ist ein Schild aufgestellt worden:

Das Betreten
des Rasens
ist verboten!

Mein Leben ist nicht mehr so glücklich wie zu Anfang.

Samstag. Das neue Geschöpf ißt zuviel Obst. Vermutlich werden wir bald keines mehr haben. – Schon wieder ›wir!‹ – das Wort stammt von ihm, aber man gewöhnt es sich an, wenn man es immer und immer wieder hört. Heute früh ist es ziemlich neblig. Ich gehe nie aus, wenn es neblig ist. Das neue Geschöpf tut es. Bei jedem Wetter läuft es draußen herum, um dann mit seinen schmutzigen Füßen wieder hereinzukommen. Und zu reden! – Früher war es hier so angenehm still.
Sonntag. Den Tag hinter mich gebracht – er wird von Mal zu Mal anstrengender. Im vergangenen November wurde er ausgewählt und von den anderen unterschieden: Er sollte ein Tag der Erholung sein. Aber davon hatte ich damals schon sechs pro Woche. – Ertappte heute morgen das neue Geschöpf bei dem Versuch, mit Lehmklumpen Äpfel von dem verbotenen Baum herunterzuholen!
Montag. Das neue Geschöpf behauptet, es hieße Eva. Nun, von mir aus – ich habe nichts dagegen. Es verlangte, ich sollte es mit diesem Namen rufen, wenn ich wollte, daß es käme. Dann, erwiderte ich, sei der Name überflüssig. – Dieses Wort hat offensichtlich mein Ansehen gehoben – tatsächlich ist es ein großes und gutes Wort, das Wiederholung vertragen wird. – Das Geschöpf behauptet, kein Es zu sein, sondern eine Sie. Möglicherweise stimmt das nicht einmal, aber mir ist es einerlei; was sie ist, ginge mich nicht das geringste an, wenn sie mich nur in Ruhe ließe und nicht redete.
Dienstag. Sie hat das ganze Gelände mit widerlichen Namen und ekelhaften Schildern verziert:

Fußweg zum Strudel
Fußweg zur Ziegeninsel
Abzweigung zur Höhle der Winde

Dieser Park, sagt sie, gäbe eine hübsche Sommerfrische ab, wenn nur Gäste kämen. Sommerfrische – wieder eine ihrer Erfindungen. Worte, die nichts bedeuten. Was ist eine Sommerfrische? Am besten unterläßt man es, sie danach zu fragen – sie ist so versessen aufs Erklären.

Freitag. Neuerdings fleht sie mich ständig an, nicht mehr durch den Wasserfall zu schwimmen. Was soll das schaden? Sie sagt, es mache sie schaudern. Möchte wissen, weshalb – tat es immer, denn das Hineinspringen und die Kühle machten mir Freude. Glaubte, dazu wäre der Wasserfall da. Halte keinen anderen Verwendungszweck für sinnvoll, und irgendeinen Grund muß es doch haben, daß er erschaffen wurde. Sie behauptet, er sei nur der szenischen Wirkung wegen da – wie das Rhinozeros oder das Mastodon. Durchquerte den Wasserfall in einem Faß – sie war nicht zufrieden. Durchsegelte ihn in einem Bottich – immer noch nicht zufrieden. Durchschwamm Strudel und Stromschnellen in einem Feigenblätterkostüm, das stark beschädigt wurde. Die Folge: ermüdende Vorwürfe ob meiner Leichtfertigkeit. Ich werde einfach zu sehr behindert; was mir nottut, wäre eine Ortsveränderung.

Samstag. Entkam letzten Dienstagabend, wanderte zwei Tage und errichtete mir an versteckter Stelle einen neuen Schutz. Hatte meine Spuren verwischt, so gut ich konnte; dennoch machte sie mich mit Hilfe eines Tieres, das sie gezähmt hat und Wolf nennt, ausfindig. Sie ließ wieder dieses mitleiderregende Geräusch hören und vergoß Wasser aus den Stellen, mit denen sie sieht. Mir blieb nichts übrig, als mit ihr zurückzukehren, aber sobald sich eine Gelegenheit bietet, emigriere ich abermals. Sie beschäftigt sich mit allerlei Unsinn; unter anderem versucht sie herauszufinden, weshalb die als Löwen und Tiger bezeichneten Tiere von Gras und Blumen leben, obwohl – so behauptet sie – die Art ihrer Zähne darauf schließen läßt, daß sie dazu bestimmt sind, einander aufzufressen. Natürlich ist das Unfug, denn zu diesem Zweck müßten sie sich gegenseitig umbringen; das wiederum hätte etwas zur Folge, das – soweit ich orientiert bin – ›Tod‹ genannt wird. Mir wurde gesagt, daß der Tod noch nicht in den Park eingedrungen ist; in mancher Hinsicht ist das bedauerlich.

Sonntag. Den Tag hinter mich gebracht.

Montag. Ich glaube, den Sinn der Woche herausgefunden zu haben: Sie ist da, damit man Zeit hat, sich von der Langeweile des Sonntags zu erholen. Der Gedanke scheint mir gut. – Sie war wieder an dem Baum. Holte die Äpfel mit Lehmklumpen herunter. Sie behauptet, niemand hätte es gesehen. Das scheint sie für eine ausreichende Rechtfertigung zu halten, wenn sie gefährliche Dinge tut. Sagte es ihr. Das Wort Rechtfertigung erfüllte sie mit Bewunderung – und, wie mir schien, mit Neid. Prächtiges Wort.

Dienstag. Sie behauptet mir ins Gesicht, aus einer Rippe meines Körpers geschaffen zu sein. Das ist zumindest zweifelhaft, wenn nicht mehr. Jedenfalls vermisse ich keine meiner Rippen. – Sie macht sich große Sorge um den Bussard. Gras wäre nicht das Richtige für ihn; sie fürchtet, ihn damit nicht aufziehen zu können, und meint, er habe seiner Bestimmung nach von verrottetem Fleisch zu leben. Der Bussard soll sehen, wie er mit dem zurechtkommt, was da ist. Wir können um seinetwillen nicht den ganzen Schöpfungsplan auf den Kopf stellen.

Samstag. Gestern fiel sie in den Teich, als sie sich darin betrachtete, was sie übrigens ständig tut. Beinahe wäre ihr die Luft ausgegangen – sie sagte, es wäre äußerst unbehaglich. Die Folge ist, daß sie nun die Geschöpfe bedauert, die im Wasser leben und die sie Fische nennt; sie kann es nicht lassen, Dingen Namen zu geben, die keine brauchen oder zumindest nicht kommen, wenn man sie damit ruft – was sie übrigens nicht im geringsten stört, nun, sie weiß es eben nicht besser; jedenfalls holte sie eine Anzahl Fische heraus, brachte sie gestern abend mit und legte sie in mein Bett, damit sie warm blieben. Den ganzen Tag über habe ich sie immer wieder beobachtet, ohne feststellen zu können, daß sie jetzt glücklicher wären – sie sind nur stiller. Wenn die Nacht kommt, werde ich sie hinauswerfen. Ich schlafe nicht noch einmal mit ihnen – sie fühlen sich so klamm und unangenehm an, wenn man zwischen ihnen liegt und nichts anhat.

Sonntag. Den Tag hinter mich gebracht.

Dienstag. Jetzt hat sie sich mit einer Schlange eingelassen. Die anderen Tiere sind froh darüber, denn sie hat sie ständig belästigt und Experimente mit ihnen angestellt. Ich bin auch froh, denn die Schlange kann reden, und so habe ich meine Ruhe.

Freitag. Sie sagt, die Schlange hätte ihr geraten, die Äpfel von jenem Baum zu probieren – die Folge, sagt sie, wäre eine großartige, herrliche und edle Erkenntnis. Ich erwiderte, daß noch etwas anderes dabei herauskäme – es würde den Tod in die Welt bringen. Das war falsch – ich hätte diese Bemerkung besser für mich behalten, denn alles, was ihr dazu einfiel, war, daß sie dann den kranken Bussard retten und den verzweifelten Löwen und Tigern frisches Fleisch beschaffen könnte. Ich riet ihr, dem Baum fernzubleiben. Sie sagte, sie würde es nicht tun. Ich fürchte Unheil. Werde auswandern.

Mittwoch. Habe eine abwechslungsreiche Zeit hinter mir. – Ich entwischte in der Dunkelheit und ritt die ganze Nacht, so schnell mein Pferd laufen wollte. Hoffte, den Park verlassen und mich in einem anderen Land verstecken zu können, bevor das Unheil hereinbräche – es sollte mir nicht gelingen. Ungefähr eine Stunde nach Sonnenaufgang ritt ich durch eine blühende Ebene, auf der Tausende von Tieren wie gewöhnlich weideten, schliefen oder miteinander spielten. Plötzlich erhob sich unter ihnen ein Aufruhr entsetzlichen Lärms; binnen weniger Sekunden war die ganze Ebene in rasender Bewegung, und die Tiere zerrissen einander. Was das bedeutete, wußte ich – Eva hatte die Frucht gegessen, und nun war der Tod in die Welt gekommen. – Die Tiger fraßen mein Pferd; daß ich ihnen Einhalt gebot, kümmerte sie wenig, sie hätten auch mich gefressen, wenn ich geblieben wäre – was ich indessen nicht tat; ich entfernte mich mit einiger Hast. – Dann entdeckte ich diesen Ort außerhalb des Parks und fühlte mich ein paar Tage einigermaßen behaglich – aber sie fand mich. Ja, sie fand mich – und nannte den Ort Tonawanda; sie sagte, er sähe so aus. Im Grunde war es mir nicht unrecht, daß sie kam – die Gegend ist nicht eben reich an Eßbarem, und sie brachte ein paar von diesen Äpfeln mit. Ich mußte sie essen, so hungrig war ich. Es verstieß zwar gegen meine Grundsätze, aber ich finde, Grundsätze sind nur gültig, solange man satt ist. – Sie erschien mit Zweigen und Blättern behängt, und als ich sie fragte, was das zu bedeuten habe, und ihr das Zeug abriß und auf die Erde warf, kicherte sie und wurde rot. Ich habe noch nie erlebt, daß jemand kichert und rot wird; es erschien mir unangebracht und albern. Doch sie meinte, ich würde bald genug selber spüren, wie das ist. Sie hatte recht. Hungrig wie ich war, legte ich den Apfel halbverzehrt zur Seite – zweifelsohne der beste Apfel, den ich je sah, zumal zu so später Jahreszeit – und bedeckte mich mit den weggeworfenen Zweigen und Blättern; dann wies ich sie in einigermaßen strengem Ton an, zu gehen, mehr davon zu holen und nicht einen solchen Anblick zu bieten. Sie tat es; danach schlichen wir zu der Stelle hinüber, wo die Schlacht der wilden Tiere stattgefunden hatte, und sammelten ein paar Felle ein, aus denen ich sie etliche Kleider verfertigen ließ, die man bei öffentlichen Anlässen tragen kann. Sie sind unbequem, gewiß – aber elegant, und das ist die Hauptsache bei Kleidern. – Ich finde, sie ist eine ganz annehmbare Gefährtin. Ohne sie wäre ich, nach dem Verlust meines Besitzes, jetzt bestimmt einsam und deprimiert. Überdies behauptet sie, daß wir von nun an für unseren Lebensunterhalt arbeiten müßten. Dabei kann sie sich nützlich machen. Ich werde sie beaufsichtigen.

Zehn Tage später. Wirft sie mir doch tatsächlich vor, an unserm Unglück schuld zu sein! Scheinbar aufrichtig und von der Wahrheit ihrer Worte überzeugt, sagt sie, die Schlange hätte ihr versichert, bei den verbotenen Früchten handele es sich nicht um Äpfel, sondern um Pflaumen. Ich entgegnete, dann sei ich schuldlos, denn ich hätte keine Pflaumen verzehrt. Sie war um eine Antwort keineswegs verlegen. ›Pflaumen‹, so hätte die Schlange sie unterrichtet, sei ein bildlicher Ausdruck, gleichbedeutend mit dem Reißen alter, schimmeliger Witze. Ich wurde bleich – tatsächlich hatte ich zahlreiche Witze gerissen, um die trübselige Zeit totzuschlagen; und darunter mochten einige von dieser Sorte gewesen sein, wenn ich auch der ehrlichen Überzeugung war, sie wären neu, als sie mir einfielen. Ob ich gerade zur Zeit des Unglücks einen gemacht hätte, verhörte sie mich. Ich mußte gestehen, daß ich es im stillen – wenn auch nicht laut – getan hatte; es handelte sich dabei um folgendes. Ich dachte an den Wasserfall und sagte mir: ›Welche Pracht, diese Unmengen von Wasser herabstürzen zu sehen!‹ Doch einen Augenblick später schoß mir ein guter Gedanke durch den Kopf, ich gab ihm Raum und sagte:

›Aber noch herrlicher wäre es anzusehen, wenn es aufwärts stürzte!‹ – und gerade wollte ich mich darüber totlachen, als Krieg und Tod in der Natur losbrachen und ich um mein Leben laufen mußte. »Da haben wir's«, triumphierte sie, »das ist es, das und nichts anderes! Eben von diesem Witz sprach die Schlange; sie nannte ihn die erste Pflaume und sagte, er sei gleichzeitig mit der Schöpfung entstanden.« Wahrhaftig – die Schuld liegt also bei mir. Wäre ich doch nicht geistreich! – Oh, hätte ich doch nie diesen glänzenden Einfall gehabt!

Im folgenden Jahr. Wir haben es Kain genannt. Sie fing es ein, während ich am Nordufer des Eriesees jagte – und zwar im Wald, zwei Meilen von unserer Behausung entfernt; es mögen auch vier gewesen sein, sie ist sich ihrer Sache nicht ganz sicher. In gewisser Hinsicht ähnelt es uns; sie meint sogar, es könnte mit uns verwandt sein, aber das ist meines Erachtens ein Irrtum. Schon der Größenunterschied rechtfertigt den Schluß, daß es sich um eine andere, neue Tiergattung handelt – möglicherweise um einen Fisch. Als ich es jedoch, um diese Vermutung zu beweisen, ins Wasser warf, versank es, und sie sprang hinterher und holte es heraus, bevor das Experiment eindeutige Resultate erbracht hatte. Ich bin nach wie vor der Ansicht, daß es ein Fisch ist; ihr ist offenbar gleichgültig, um was es sich handelt, aber sie überläßt es mir nicht zum Zwecke genauerer Artbestimmung – ich verstehe das nicht. Die Anwesenheit dieses Geschöpfes hat sie, wie es scheint, völlig verändert. Experimenten ist sie unzugänglich. Sie schenkt ihm viel mehr Beachtung als irgendeinem anderen Tier – ohne erklären zu können, warum sie das tut. Alle Anzeichen deuten darauf hin, daß ihr Verstand gelitten hat. Manchmal trägt sie den Fisch die halbe Nacht auf dem Arm, wenn er sich beklagt und ins Wasser möchte. Dabei kommt dann Wasser aus den Stellen ihres Gesichts, mit denen sie sieht; sie klopft dem Fisch den Rücken, macht mit dem Mund leise Geräusche, um ihn zu beruhigen, und zeigt auf hunderterlei Art Kummer und Besorgnis. Mir ist nie aufgefallen, daß sie dergleichen mit irgendeinem anderen Fisch getan hätte, und gerade das beunruhigt mich sehr. Bevor wir unseren Besitz verloren, pflegte sie die jungen Tiger auf diese Art herumzuschleppen und mit ihnen zu spielen – aber es blieb beim Spiel; sie hat nie einen derartigen Aufruhr um sie veranstaltet, wenn ihnen ihr Futter nicht bekam.

Sonntag. Sie arbeitet sonntags nicht, sondern liegt völlig erschöpft da und hat es gern, wenn der Fisch auf ihr herumkriecht; dann macht sie alberne Geräusche, um ihn zu belustigen, und tut so, als wollte sie ihn in die Pfoten beißen – was ihn zum Lachen bringt. Ein Fisch, der lachen kann, ist mir noch nie begegnet, und das erweckt in mir gewisse Zweifel. – Ich fange selbst an, den Sonntag zu schätzen. Die ganze Woche den Haushalt zu beaufsichtigen, ist ein ermüdendes Geschäft. Es müßte mehr Sonntage geben. Früher waren sie kaum zu ertragen – jetzt werden sie angenehm.

Mittwoch. Es ist kein Fisch. Ich finde einfach nicht heraus, was es ist. Es gibt ein eigenartiges, teuflisches Geräusch von sich, wenn es nicht zufrieden ist. Ist es dann befriedigt, sagt es ›da-da‹. Es ist nicht von unserer Art, denn es läuft nicht; es ist kein Vogel, denn es fliegt nicht; es ist kein Frosch, denn es hüpft nicht; es ist keine Schlange, denn es kriecht nicht. Ich bin sicher, daß es kein Fisch ist, wenn ich auch keine Gelegenheit hatte, festzustellen, ob es schwimmen kann. Es liegt nur herum – meist auf dem Rücken, die Füße in der Luft. Das habe ich noch bei keinem anderen Tier beobachtet. Ich sagte ihr, meines Erachtens wäre es ein Rätsel – sie bewunderte das Wort, ohne es zu begreifen. Ich meine, es ist entweder ein Rätsel oder eine Art Käfer. Wenn es stirbt, werde ich es auseinandernehmen und nachsehen, wie es innen gebaut ist. Daß mich etwas so sehr verwirrt hätte, ist noch nicht vorgekommen.

Drei Monate später. Die Verwirrung nimmt zu, anstatt abzuklingen. Ich schlafe kaum noch. Jetzt liegt es nicht mehr da, sondern läuft auf allen vieren herum. Dennoch unterscheidet es sich dadurch von allen anderen vierbeinigen Tieren, daß seine Vorderbeine ungewöhnlich kurz sind. Infolgedessen streckt es seinen größten Körperteil unbequem hoch in die Luft, was nicht sonderlich anziehend aussieht. Es ist uns in der Körperbeschaffenheit recht ähnlich, doch seine Art der Fortbewegung zeigt, daß es einer anderen Gattung angehört. Die kurzen Vorderpfoten und die langen Hinterbeine lassen darauf schließen, daß es zur Familie der Känguruhs zählt, jedoch eine auffallende Abart dieser Spezies darstellt – das echte Känguruh hüpft, was dieses nicht tut. Immerhin ist es eine eigenartige, interessante Abart, die bisher noch nicht verzeichnet wurde. Da ich es entdeckte, fühlte ich mich berechtigt, mir den Ruhm seiner Auffindung zu sichern, indem ich ihm meinen Namen beigab und es *Kangaroorum Adamiensis* nannte. – Es muß noch ein Jungtier gewesen sein, als es ankam, denn es ist seither beträchtlich gewachsen. Gegenwärtig dürfte es ungefähr das Fünffache seiner anfänglichen Größe erreicht haben, und wenn es unzufrieden ist, kann es, im Vergleich zur Anfangszeit, das Zweiundzwanzig- bis Achtunddreißigfache an Lärm erzeugen. Erziehungsmaßnahmen ändern daran nichts, sondern haben allenfalls eine gegenteilige Wirkung; infolgedessen habe ich derartige Versuche eingestellt. Sie beruhigt es durch Überredung und indem sie ihm Dinge gibt, von denen sie mir kurz zuvor sagte, daß es sie niemals in die

Hand bekommen dürfe. Wie bereits erwähnt, war ich nicht zugegen, als es ankam; sie behauptet, es im Wald gefunden zu haben. Merkwürdig erscheint mir, daß es das einzige seiner Art sein soll – schon seit Wochen habe ich mich bemüht, ein zweites zu fangen, zur Vervollständigung meiner Sammlung und als Spielgefährten für das erste; zweifellos wär es dann ruhiger und ließe sich leichter zähmen. Aber ich finde keines. Auch gibt es keinerlei Anzeichen seines Vorhandenseins und, was das Seltsamste ist, nicht einmal Spuren. Es muß auf der Erde leben, ob es will oder nicht – aber wie kann es das, ohne Spuren zu hinterlassen? Ich habe ein gutes Dutzend Fallen aufgestellt, aber ohne Erfolg. Ich fange alle möglichen kleinen Tiere, nur dieses eine nicht – Tiere, die nur aus Neugier in die Fallen gehen, um zu sehen, was die Milch darin soll. Daß sie davon trinken, kommt nicht vor.

Drei Monate später. Das Känguruh wächst immer noch – es ist höchst eigenartig und verwirrend. Mir ist noch nie eines begegnet, dessen Wachstum so viel Zeit beansprucht hätte. Es hat jetzt Fell auf dem Kopf – nicht wie Känguruhfell, sondern genau wie unser Haar, nur viel feiner und weicher – und rot statt schwarz. Ich bin nahe daran, vor lauter Grübeln über die beunruhigende, unberechenbare Entwicklung dieser merkwürdigen Laune der Zoologie den Verstand zu verlieren. Wenn es mir gelänge, ein zweites zu fangen – aber da besteht keine Hoffnung. Offenbar handelt es sich um das einzige Exemplar einer neuen Gattung. Aber ich habe ein echtes Känguruh gefangen und mitgebracht, weil ich annahm, daß unseres sich einsam fühle und lieber ein Känguruh um sich hätte als überhaupt nichts Verwandtes – irgendein Tier, dessen Nähe es als tröstlich empfinden würde, und das ihm in seiner Verlorenheit unter uns Fremden, die wir mit seinen Lebensgewohnheiten nicht vertraut sind, beistehen oder ihm wenigstens das Gefühl vermitteln könnte, unter Freunden zu sein. Aber das war ein Irrtum. Beim Anblick des Känguruhs führte es sich dermaßen auf, daß ich überzeugt war, es konnte noch nie zuvor eines gesehen haben. Ich bedauere das arme, kleine, lärmende Tier, aber ich kann nichts tun, um es zufriedenzustellen. Wenn ich es nur zähmen könnte! – Aber das steht völlig außer Frage; je öfter ich es versuche, desto ungebärdiger scheint es zu werden. Es betrübt mich von Herzen, seine kleinen Stürme von Kummer und Leidenschaft mit ansehen zu müssen. Schon war ich bereit, es laufen zu lassen – aber davon will sie nichts hören. Das scheint grausam und ist im Grunde nicht ihre Art; dennoch könnte sie recht haben – vielleicht fühlte es sich hinterher noch einsamer als zuvor. Denn wenn ich schon kein zweites finden kann, wie sollte es ihm gelingen?

Fünf Monate später. Es ist kein Känguruh. Nein – denn es hält sich an ihren Fingern fest, tappt ein paar Schritte auf den Hinterbeinen und fällt dann hin. Vermutlich handelt es sich um eine Bärenart; allerdings hat es – zumindest bis jetzt – keinen Schwanz und kein Fell, außer auf dem Kopf. Eigenartigerweise wächst es noch immer – Bären sind sonst schneller ausgewachsen. Seit unserer Katastrophe sind Bären gefährlich; ich werde nicht zulassen, daß sich dieses Exemplar noch länger in der Nähe unserer Behausung aufhält, ohne einen Maulkorb zu tragen. Ich bot ihr an, ein Känguruh zu fangen, wenn sie dieses Tier laufen ließe, aber es nützte nichts – offenbar ist sie entschlossen, uns allen möglichen unsinnigen Gefahren auszusetzen. Sie war anders, bevor sie den Verstand verlor.

Zwei Wochen später. Ich habe sein Maul untersucht. Noch besteht keine Gefahr: Es hat erst einen Zahn. Überdies hat es noch keinen Schwanz. Dafür macht es jetzt mehr Lärm als zuvor – besonders nachts. Habe mich ausquartiert. Aber morgen werde ich immer zum Frühstück hinübergehen und feststellen, ob es mehr Zähne bekommen hat. Wenn es erst einmal das Maul voller Zähne hat, ist es an der Zeit, daß es verschwindet, ob es nun einen Schwanz hat oder nicht. Ein Bär braucht keinen Schwanz, um gefährlich zu sein.

Vier Monate später. Ich war einen Monat auf Jagd und Fischfang in einer Gegend, die sie Buffalo nennt; ich weiß nicht, warum – es sei denn, weil es dort keine Büffel gibt. In der Zwischenzeit hat der Bär gelernt, allein auf den Hinterbeinen herumzutanzen und ›Papa‹ oder ›Mama‹ zu sagen. Kein Zweifel – es muß sich doch um eine neue Gattung handeln. Daß sich seine Laute wie Worte anhören, mag reiner Zufall sein und keinerlei Bedeutung oder gar Sinn haben – und dennoch ist es etwas ganz Außerordentliches, das kein anderer Bär fertigbringt. Diese Art, unsere Sprache nachzuahmen, dazu das Fehlen eines Felles und vor allem eines Schwanzes beweist eindeutig genug, daß es sich um eine neue Bärenart handelt. Weitere Beobachtungen müßten höchst aufschlußreich sein. Inzwischen werde ich mich auf eine große Expedition in die Wälder des Nordens begeben und eine gründliche Suche anstellen – irgendwo muß es noch ein zweites Tier dieser Gattung geben. Das unsere wird weniger bedrohlich sein, wenn es einen Gefährten seiner eigenen Art um sich hat. Ich breche sofort auf; aber vorher werde ich ihm noch einen Maulkorb anlegen.

Drei Monate später. Die Jagd war recht beschwerlich, ermüdend und letzten Endes doch erfolglos. Aber sie hat, während ich unterwegs war, ein zweites gefangen – ohne unsere Besitzung zu verlassen! Ein derartiges Glück hatte ich noch nie!

Ich hätte die Wälder hundert Jahre lang durchstreifen können, ohne daß mir dieses Geschöpf über den Weg gelaufen wäre.

Am nächsten Tag. Verglich das neue mit dem alten; es ist völlig klar, daß beide von der gleichen Art sind. Ich wollte eines von ihnen für meine Sammlung ausstopfen, doch sie hat ein Vorurteil dagegen – ich weiß nicht, aus welchem Grunde. Gab den Gedanken deshalb auf, obgleich ich es für einen Fehler halte. Für die Wissenschaft wäre es ein unersetzlicher Verlust, wenn beide verlorengingen. Das alte ist jetzt zahmer geworden; es kann lachen und reden wie der Papagei – fraglos hat es das gelernt, weil es so oft mit dem Papagei zusammen ist und überdies ein hochentwickeltes Nachahmungsvermögen besitzt. Ich erwarte nicht eben, daß es sich als neue Abart des Papageis erweist; wundern würde es mich freilich nicht, denn es war schon alles, was ich mir nur vorstellen konnte – seit damals, als ich es noch für einen Fisch hielt. Das neue ist ebenso häßlich, wie das alte zu Anfang war; es hat die gleiche käsig-rötliche Gesichtsfarbe und die gleiche eigenartige Form des Kopfes, auf dem kein Fell ist. – Sie nennt es Abel.

Zehn Jahre später. Es sind Jungen – wir fanden es schon längst heraus. Uns verwirrte nur der Umstand, daß sie so winzig und unfertig bei uns ankamen – das war uns etwas völlig Neues. Jetzt sind auch einige Mädchen da. Abel ist ein Prachtjunge; Kain dagegen wäre vielleicht besser geraten, wenn er ein Bär geblieben wäre. Nach all diesen Jahren weiß ich nun, daß ich mich zu Anfang irrte, was Eva betraf – mit ihr außerhalb des Gartens zu leben, ist besser, als ohne sie drinnen. Damals glaubte ich, sie redete zuviel – jetzt würde ich es nie verwinden, wenn diese Stimme nicht mehr erklänge und aus meinem Leben schwände. Gesegnet sei der Zufall, der uns einander nahebrachte und mich die Güte ihres Herzens und die Zärtlichkeit ihrer Seele kennenlehrte!

Zweiter Teil: Das Tagebuch Evas
(aus dem Original übersetzt)

Samstag. Ich bin jetzt fast einen ganzen Tag alt. Gestern kam ich an – jedenfalls scheint es mir so. Und es muß auch so sein, denn wenn es vor gestern schon einen Tag gegeben hat, so war ich nicht da, als es geschah – ich würde mich sonst daran erinnern. Allerdings ist möglich, daß es geschah, und ich bemerkte es nur nicht. Also gut; ich will von jetzt an sehr wachsam sein, und wenn es ein Vorgestern gibt, will ich mir eine Notiz darüber machen. Am besten fange ich gleich damit an und sorge dafür, daß mein Bericht nicht durcheinandergerät; denn irgendein Instinkt sagt mir, daß diese Einzelheiten eines Tages für den Historiker von Bedeutung sein werden. Ich spüre es – ich bin ein Experiment. Ich empfinde mich selbst als Experiment; wohl niemand könnte sich stärker als Experiment empfinden als ich – und so gelange ich immer mehr zu der Überzeugung, daß dieses Empfinden just das ausdrückt, was ich bin: ein Experiment und nicht etwa mehr.

Wenn ich aber nun ein Experiment bin – bin ich dann das ganze Experiment? Nein, ich glaube nicht; ich glaube, es gehört noch ein Rest dazu. Ich bin der Hauptteil – aber ich meine, der Rest hat auch seinen Anteil an der Sache. Ist meine Stellung nun gesichert, oder muß ich sie hüten und auf sie achten? Vielleicht das letztere. Irgendein Instinkt sagt mir, daß man seinen Vorrang mit ständiger Wachsamkeit bezahlen muß. [Für jemanden, der noch so jung ist, scheint mir das ein ausgezeichneter Satz.]

Heute sieht alles schon besser aus als gestern. Die Berge wurden gestern in der Hast der Schöpfung in völlig zerklüftetem Zustand stehengelassen, und manche Ebenen lagen derart voll Schutt und Abfall, daß ihr Anblick einigermaßen unerfreulich war. Große und schöne Kunstwerke sollten nicht in solcher Eile geschaffen werden, und diese prächtige neue Welt ist wahrhaftig ein großes und schönes Kunstwerk. Wenn man bedenkt, in welch kurzer Zeit sie geschaffen wurde, ist sie dennoch der Vollkommenheit erstaunlich nahe. Zwar sind an manchen Stellen zuviel Sterne und an anderen nicht genug, aber ich zweifle nicht daran, daß dieser Mißstand bald ausgeglichen sein wird. In der letzten Nacht löste sich der Mond, rutschte herunter und fiel aus der Welt heraus. Das ist ein schrecklicher Verlust – es bricht mir das Herz, wenn ich nur daran denke. Unter allen Zierden der Welt gibt es nichts, das sich mit seiner runden Schönheit vergleichen ließe. Er hätte wirklich dauerhafter befestigt werden müssen. Hoffentlich bekommen wir ihn zurück …

Aber natürlich weiß man nicht, wo er geblieben ist. Überdies – wer ihn bekommt, der wird ihn verstecken; das weiß ich, weil ich es selbst nicht anders machen würde. Ich glaube, in allen anderen Dingen könnte ich ehrlich sein, aber ich beginne einzusehen, daß die Liebe zum Schönen – eine wahre Leidenschaft für das Schöne – den innersten Kern meines Wesens ausmacht, und daß es sich nicht empfehlen dürfte, mir einen Mond anzuvertrauen, der einem anderen gehört und dessen Besitzer nicht weiß, daß ich ihn habe. Wenn ich bei Tage einen Mond fände, könnte ich mich vielleicht dazu verstehen, ihn herauszugeben – aus Angst, beobachtet worden zu sein; fände ich ihn aber bei Dunkelheit, so fiele mir bestimmt eine Entschuldigung dafür ein, den Fund zu verschweigen. Denn ich schwärme nun einmal für Monde – sie sind so hübsch und romantisch. Ich wollte, wir hätten fünf oder sechs davon. Dann ginge ich nie zu Bett – ich würde nicht müde, auf der Moosbank zu liegen und zu ihnen hinaufzuschauen.

Aber auch die Sterne sind hübsch. Ich wollte, ich hätte ein paar davon, um sie mir ins Haar zu stecken. Doch ich glaube, ich bekomme sie nie. Sie sind sehr weit weg – man ist überrascht, das festzustellen, denn sie sehen nicht so aus. Als sie sich in der letzten Nacht zum ersten Male zeigten, versuchte ich, einige mit einem Stock herunterzuschlagen; aber ich konnte sie zu meiner Überraschung nicht erreichen. Dann versuchte ich es mit Lehmklumpen, bis ich völlig außer Atem war, aber ich traf keinen einzigen. Es liegt natürlich nur daran, daß ich linkshändig bin und nicht gut werfen kann. Selbst wenn ich absichtlich nach einem zielte, den ich nicht haben wollte, traf ich den Richtigen nicht, obwohl ich einige recht passable Würfe tat – ich sah den schwarzen Flecken des Lehmklumpens an die vierzig- oder fünfzigmal genau in die goldenen Haufen hineinfliegen, er ging nur ganz knapp vorbei. Vielleicht hätte ich doch noch einen getroffen, wenn ich nur ein wenig länger ausgehalten hätte.

So weinte ich denn ein bißchen, was vermutlich für jemanden in meinem Alter nur natürlich ist; doch als ich mich ausgeruht hatte, nahm ich den Korb und machte mich auf den Weg zum äußersten Rand des Kreises, wo die Sterne dicht am Boden sind; ich hoffte, sie mit den Händen greifen zu können, was ohnehin besser gewesen wäre, weil ich sie dann vorsichtig einsammeln konnte, ohne sie zu beschädigen. Aber der Weg war weiter, als ich angenommen hatte. Schließlich mußte ich es aufgeben – ich war so müde, daß ich keinen Schritt mehr

tun konnte, und außerdem waren meine Füße wund und schmerzten sehr.
Ich konnte nicht nach Hause zurück – es war zu weit, und überdies wurde es kalt; doch ich stieß auf einige Tiger, ließ mich zwischen ihnen nieder und fühlte mich ungemein behaglich. Ihr Atem roch so angenehm, denn sie leben von Erdbeeren. Zwar war ich noch nie einem Tiger begegnet, aber ich erkannte sie sofort an den Streifen. Wenn ich eines von diesen Fellen hätte, gäbe es ein entzückendes Kleid.
Heute habe ich schon ein besseres Gefühl für Entfernungen. Ich war so versessen darauf, alles Hübsche zu besitzen, daß ich einfach zugriff – manchmal, wenn es zu weit weg war, dann aber auch, wenn es nur sechs Zoll – scheinbar einen Fuß – von mir entfernt war und hinter Dornen steckte. Ich wurde durch Schaden klug; außerdem stellte ich, ganz aus eigenem Nachdenken, einen Lehrsatz auf, meinen allerersten: Das geschundene Experiment scheut den Dorn. Für jemanden, der noch so jung ist, scheint mir der Satz beachtlich.
Gestern nachmittag verfolgte ich – in angemessener Entfernung – das andere Experiment, um nach Möglichkeit herauszufinden, wozu es da ist. Zu einem Ergebnis kam ich nicht. Allerdings glaube ich, es ist ein Mann. Ich habe zwar noch nie einen Mann gesehen, aber es sah so aus; ich bin meiner Sache völlig sicher. Ich muß sagen, daß dieses Geschöpf in mir eine größere Neugier erweckt als irgendein anderes Reptil – vorausgesetzt, daß es ein Reptil ist, was ich allerdings vermute, denn es hat struppiges Haar und blaue Augen – es sieht aus wie ein Reptil. Hüften hat es nicht – es gleicht eher einer Karotte, und wenn es steht, spreizt es sich wie ein Turm; ich folgere daraus, daß es ein Reptil ist. Aber vielleicht ist es nur ein Bauwerk.

Anfangs fürchtete ich mich vor ihm und wollte weglaufen, sooft es sich umdrehte, denn ich glaubte, es wollte mich jagen. Doch dann entdeckte ich, daß es nur versuchte, das Hasenpanier zu ergreifen. Ich fürchtete mich nicht mehr, sondern folgte ihm stundenlang in ungefähr zwanzig Ellen Entfernung; ich erreichte damit, daß es gereizt und verärgert wurde. Schließlich geriet es in Wut und kletterte auf einen Baum. Ich wartete eine Weile; dann gab ich es auf und ging nach Hause. Heute das gleiche Spiel. Ich habe es wieder auf den Baum gejagt.

Sonntag. Es sitzt immer noch droben und ruht sich anscheinend aus. Eine glatte Ausflucht, denn nicht der Sonntag, sondern der Samstag wurde als Ruhetag ausersehen. Aber es scheint sich um ein Geschöpf zu handeln, das vor allem anderen am Ausruhen interessiert ist. Mich würde es müde machen, soviel zu ruhen. Es ermüdet mich schon, hier zu sitzen und den Baum zu beobachten. Dennoch wüßte ich gern, wozu es da ist – ich sehe es nie bei irgendeiner Tätigkeit.

In der letzten Nacht haben sie den Mond zurückgegeben – ich bin so glücklich und finde es unerhört ehrenhaft von ihnen. Zwar ist er dann wieder heruntergerutscht und verschwunden, aber ich mache mir keine Sorgen mehr – das braucht man nicht, wenn man solche Nachbarn hat. Sie werden ihn schon zurückholen. Ich wollte nur, ich könnte etwas tun, um ihnen meine Dankbarkeit zu beweisen. Gern schickte ich ihnen ein paar Sterne – wir haben mehr davon, als wir brauchen. Will sagen: ich habe mehr – denn daß dem Reptil solche Dinge gleichgültig sind, ist mir unterdessen klar geworden.

Es hat einen schlechten Geschmack und ist nicht nett. Als ich gestern in der Dämmerung kam, war es heruntergeklettert und versuchte, die kleinen, gefleckten Fische zu fangen, die im Teich spielen. Ich mußte es mit Lehmklumpen bewerfen, damit es wieder auf den Baum stieg und sie in Ruhe ließ. Ich möchte wissen, ob das der Zweck seines Daseins ist. Hat es etwa kein Herz? Hat es kein Mitleid mit diesen kleinen Geschöpfen? Sollte es etwa nur für dergleichen grobe und rohe Verrichtungen erschaffen sein? Beinahe sieht es so aus. Ein Lehmklumpen traf es hinter dem Ohr, was zur Folge hatte, daß es sprach. Ich erschauerte, denn es war das erste Mal, daß ich außer mir selbst jemanden sprechen hörte. Was es sagte, verstand ich nicht, aber seine Worte klangen höchst ausdrucksvoll.

Seit ich weiß, daß es reden kann, bin ich von neuem an ihm interessiert – ich selbst rede allzugern; ich rede den ganzen Tag und selbst im Schlafe; ich finde mich interessant – aber wenn ich jemanden hätte, mit dem ich reden könnte, wäre ich doppelt so interessant und würde, falls es erwünscht wäre, überhaupt nicht mehr aufhören.

Wenn dieses Reptil ein Mann ist, kann man nicht *es* zu ihm sagen, nicht wahr? Das wäre grammatisch falsch. Ich meine, es müßte *er* heißen. Und das müßte dann folgendermaßen abgewandelt werden: Nominativ = *er;* Dativ = *ihm;* Possessiv = *sein.* Also gut, ich will es für einen Mann halten und *er* zu ihm sagen, bis sich herausstellt, daß es etwas anderes ist. Das ist angenehmer, als sich mit allen möglichen Ungewißheiten herumzuschlagen.

Am folgenden Sonntag. Die ganze Woche blieb ich ihm auf den Fersen und versuchte, seine Bekanntschaft zu machen. Ich mußte das Reden auf mich nehmen, denn er erwies sich als schüchtern, aber das stört mich nicht. Er schien froh, mich um sich zu haben. Ich gebrauchte das gesellige ›wir‹ recht häufig – mit gemeint zu sein, schien ihm zu schmeicheln.

Mittwoch. Mittlerweile kommen wir ausgezeichnet miteinander aus und lernen uns von Tag zu Tag besser kennen. Ich nehme es als gutes Zeichen, daß er nicht mehr versucht, mir aus dem Wege zu gehen, denn es beweist, daß er meine Gesellschaft schätzt. Das freut mich. Ich gebe mir Mühe, ihm nützlich zu sein, wo ich nur kann, damit er mir mehr Aufmerksamkeit schenkt. Während der letzten beiden Tage habe ich ihm die ganze Arbeit des Benennens abgenommen – das war eine große Hilfe für ihn, denn in dieser Hinsicht ist er gänzlich unbegabt. Seine Dankbarkeit ist nicht zu übersehen. Ihm fällt nie zur rechten Zeit ein vernünftiger Name ein; natürlich lasse ich mir nicht anmerken, daß ich um seine Unfähigkeit weiß. Sobald uns ein neues Geschöpf begegnet, gebe ich ihm schnell einen Namen, bevor er Zeit findet, sich durch verlegenes Schweigen bloßzustellen. Auf diese Weise habe ich ihn vor mancher Verlegenheit bewahrt, denn ich bin nicht so unbegabt wie er. In dem Augenblick, in dem ich ein Tier sehe, weiß ich auch schon, um was es sich handelt. Ich brauche nicht eine Sekunde nachzudenken; der richtige Name ist sofort zur Stelle, wie durch Inspiration – was es ohne Zweifel ist, denn ich bin sicher, daß er eine halbe Minute zuvor noch nicht zur Stelle war. Es ist, als verriete mir schon der Umriß und das Verhalten des Geschöpfes, um welches Tier es sich handelt.
Als uns der Dodo begegnete, hielt er ihn für eine Wildkatze – ich sah es ihm an den Augen an. Aber ich rettete ihn – ich gab sogar acht, es auf eine Weise zu tun, die seinen Stolz nicht verletzen konnte. Ich sprach ganz natürlich, im Ton angenehmen Überraschtseins – nicht, als träumte ich auch nur davon, ihn belehren zu wollen –, und sagte: »Sieh nur, wenn das nicht der Dodo ist!« Ohne in den Ton des Erklärens zu verfallen, erklärte ich, woran ich ihn als Dodo erkannte; und wenn er

auch ein wenig verärgert sein mochte, weil ich das Geschöpf kannte und er nicht, war doch nicht zu übersehen, daß er mich bewunderte. Das war recht angenehm, und ich besann mich mehrmals voller Dankbarkeit darauf, bevor ich einschlief. Nichts ist zu unbedeutend, uns glücklich zu machen, wenn wir das Gefühl haben, wir hätten es verdient!

Donnerstag. Mein erster Kummer. Gestern mied er mich. Er schien nicht zu wollen, daß ich mit ihm spräche. Ich konnte es nicht glauben und meinte, es handle sich um ein Mißverständnis. Ich bin so gern bei ihm und höre ihn so gern reden – wie konnte es möglich sein, daß er mir unfreundlich begegnete, obwohl ich ihm nichts getan hatte? Und dennoch war es so; ich verließ ihn und saß allein an jenem Ort, an dem ich ihn zum ersten Mal gesehen hatte – am Morgen unseres Schöpfungstages, als ich noch nicht wußte, wer er war. Damals war er mir gleichgültig – aber jetzt war dies ein trauriger Ort, die kleinsten Dinge sprachen von ihm, und mein Herz war voller Betrübnis. Weshalb es so war, wußte ich nicht recht – es war ein völlig neues Gefühl, das ich noch nie zuvor erfahren hatte. Es war ein Geheimnis, und ich konnte es nicht ergründen.

Als jedoch die Nacht hereinbrach, ertrug ich das Alleinsein nicht mehr und ging zu dem neuen Schutz, den er sich gebaut hat. Ich wollte ihn fragen, was ich verbrochen hätte, was denn geschehen sei und wie ich es wiedergutmachen könnte, um seine Zuneigung zurückzugewinnen. Aber er schickte mich in den Regen hinaus – und das war mein erster Kummer.

Sonntag. Der Friede ist wiederhergestellt, und ich bin glücklich, aber es waren schlimme Tage – wenn ich es vermeiden kann, denke ich nicht mehr daran.

Ich versuchte, ihm einige von diesen Äpfeln zu holen. Aber ich werde es nie lernen, richtig zu werfen. Ich traf daneben, hatte aber den Eindruck, daß ihn die gute Absicht freute. Sie sind verboten; er sagte, es würde mich ins Unglück bringen. Doch was kümmert mich das Unglück, wenn es geschieht, weil ich ihm eine Freude machen will?

Montag. Heute früh sagte ich ihm, wie ich heiße; ich hoffte, es würde ihn interessieren. Aber es war ihm einerlei. Das ist doch seltsam. Wenn er mir seinen Namen sagte, wäre es mir nicht gleichgültig. Ich glaube, er würde meinen Ohren angenehmer klingen als jeder andere Laut.

Er redet sehr wenig. Vielleicht liegt es nur daran, daß er nicht sonderlich klug ist, aber um seine Schwäche weiß und sie verbergen möchte. Es ist schade, daß er so fühlt. Klugheit ist nichts; die wahren Werte liegen im Herzen. Ich wollte, ich könnte ihm sagen, daß nur ein gutes, liebevolles Herz wahren Reichtum bedeutet – der kalte Verstand dagegen Armut.

Obwohl er so wenig spricht, verfügt er doch über einen bemerkenswerten Wortschatz. Heute morgen gebrauchte er einen geradezu überraschend treffenden Ausdruck. Anscheinend bemerkte er selbst, wie gut er war, denn er brachte ihn hinterher beiläufig noch zweimal an. Das Beiläufige glückte ihm nicht sonderlich – immerhin verriet es, daß er über ein gewisses Empfindungsvermögen verfügt. Bei einiger Pflege wird sich diese Saat zweifelsohne zum Wachsen bringen lassen.

Wo mag er dieses Wort nur herhaben? Daß ich selbst es einmal gebraucht hätte, glaube ich nicht.

Also mein Name interessierte ihn nicht. Ich versuchte zwar, meine Enttäuschung zu verbergen, fürchte jedoch, daß es mir nicht recht gelungen ist. Ich verließ ihn, setzte mich auf die Moosbank und steckte die Füße ins Wasser. Dort gehe ich immer hin, wenn ich mich nach Gesellschaft sehne – nach jemandem, den ich anschauen und mit dem ich mich unterhalten kann. Der hübsche, helle Körper, der sich da im Wasser abzeichnet, genügt zwar nicht – doch etwas ist es immerhin, und etwas ist besser als völlige Einsamkeit. Es redet, wenn ich rede; es ist traurig, wenn ich traurig bin; es tröstet mich mit seinem Mitleid; es sagt: ›Sei nicht traurig, du armes, einsames Kind – ich will deine Freundin sein.‹ Und es ist eine gute Freundin, die einzige, die ich besitze – es ist meine Schwester. Dieses erste Mal, daß sie mich im Stich ließ – oh, ich werde es nie vergessen, niemals! Mein Herz war schwer wie Blei. Ich sagte: ›Sie war mein ein und alles – und nun ist sie fort!‹ In meiner Verzweiflung sagte ich: ›Brich, mein Herz; ich kann dieses Leben nicht mehr ertragen!‹ – ich verbarg mein Gesicht in den Händen; es gab nichts mehr, das mich trösten konnte. Doch als ich die Hände nach einer Weile sinken ließ, war sie wieder da, hell, schön und strahlend, und ich stürzte mich in ihre Arme!

Das war das vollkommene Glück. Gewiß, ich hatte schon vorher Glück empfunden, aber nicht auf diese Art. Dies war Verzückung. Fortan zweifelte ich niemals mehr an ihr. Manchmal blieb sie fort – vielleicht nur eine Stunde, vielleicht sogar den ganzen Tag, doch ich wartete und zweifelte nicht; ich sagte mir: ›Sie hat zu tun oder sie ist verreist – aber sie wird kommen!‹ Und so war es denn auch – sie kam stets. Nachts, wenn es finster war, kam sie nicht – die Kleine, sie mochte sich wohl fürchten. Doch sie kam, wenn der Mond schien. Ich fürchte mich nicht vor der Dunkelheit, aber sie ist jünger als ich – sie kam nach mir auf die Welt. Zahllose Besuche habe ich ihr schon abgestattet; sie ist mein Trost und meine Zuflucht, wenn mein Leben schwer und hart ist – und das ist es meistens.

Dienstag. Beschäftigte mich den ganzen Vormittag damit, unseren Besitz zu verschönern, und hielt mich absichtlich von ihm fern – in der Hoffnung, daß er sich einsam fühlen und kommen würde. Er dachte nicht daran.

Gegen Mittag beendete ich mein Tagewerk und erholte mich, indem ich den Bienen und Schmetterlingen folgte und in Blumen schwelgte – diesen wunderbaren Geschöpfen, die Gottes Lächeln vom Himmel einfangen und festhalten. Ich pflückte sie, flocht Kränze und Girlanden daraus und bekleidete mich damit, während ich mein Mahl verzehrte – natürlich Apfel. Danach ließ ich mich im Schatten nieder, wünschte und wartete. Aber er kam nicht.

Nun, weshalb denn auch! Es wäre doch nichts dabei herausgekommen, denn er macht sich ja nichts aus Blumen. Er nennt sie Plunder, kann keine von der anderen unterscheiden und glaubt überdies, solche Fühllosigkeit beweise seine Überlegenheit. Ich bin ihm gleichgültig. Blumen sind ihm gleichgültig. Der farbensatte Abendhimmel ist ihm gleichgültig. Gibt es überhaupt etwas, das ihn beschäftigen könnte – außer dem Bau von Schuppen, in denen er sich vor dem heiteren, sauberen Regen verstecken kann, dem Beklopfen von Melonen, dem Kosten von Trauben, dem Befingern der Früchte an den Bäumen, um nachzuprüfen, wie sein Besitz gedeiht?

Ich legte einen trockenen Zweig auf den Boden und versuchte, mit einem zweiten ein Loch hineinzubohren, weil ich etwas Besonderes damit vorhatte – und erlebte bald einen gewaltigen Schrecken. Aus dem Loch stieg ein dünner, bläulich-durchsichtiger Faden empor! Schnell warf ich alles hin und rannte davon. Ich glaubte, es wäre ein Geist – ich war so erschrocken. Aber dann schaute ich mich um – er folgte mir nicht. Ich lehnte an einem Felsen und rang keuchend nach Atem; meine Glieder zitterten lange, bevor ich mich beruhigte; dann schlich ich vorsichtig zurück, gespannt, aufmerksam und ständig auf

dem Sprunge, abermals zu fliehen. Als ich herangekommen war, schob ich die Zweige eines Rosenbusches auseinander und spähte hindurch – wobei ich mir wünschte, daß dieser Mann in der Nähe wäre, weil ich so hübsch und gescheit aussah. Doch der Geist war verschwunden. Ich trat hinzu und entdeckte ein wenig feinen, roten Staub in dem Bohrloch. Um ihn anzufühlen, steckte ich den Finger hinein – schrie Au! – und zog ihn geschwind wieder heraus. Es war ein grausamer Schmerz. Ich steckte den Finger in den Mund, trat von einem Fuß auf den anderen und stöhnte; doch die Qual ließ allmählich nach; schließlich erwachte mein Interesse wieder, und ich begann, die Sache zu untersuchen.
Ich wollte wissen, aus was dieser rote Staub bestehen mochte. Und plötzlich fiel mir der Name dafür ein, obwohl ich ihn nie zuvor gehört hatte. Es war Feuer! – Ich war meiner Sache so sicher, wie man es überhaupt nur sein kann. So gab ich ihm unverweilt seinen Namen: Feuer.
Ich hatte etwas erschaffen, das vorher nicht dagewesen war. Ich hatte den zahllosen Dingen der Welt ein neues hinzugefügt – dessen war ich mir bewußt; ich war stolz auf meine Tat. Zuerst wollte ich laufen, ihn suchen, ihm davon erzählen, denn ich glaubte, es würde mein Ansehen bei ihm heben – doch dann besann ich mich und ließ es. Nein – es würde ihn kaltlassen. Er würde fragen, wozu es gut wäre, und was sollte ich darauf erwidern? Wenn es nun überhaupt keinen anderen Zweck hatte als den, einfach und ausschließlich schön zu sein? Ich seufzte und ging nicht zu ihm. Denn es war zu nichts brauchbar – es konnte keine Hütten bauen, keine Melonen verbessern, keine Obsternte beschleunigen; es war nutzlos, eitel und nichtig – er würde es verachten und herabsetzende Worte gebrauchen. Nun, ich verachtete es nicht – ›o Feuer‹,

sagte ich, ›ich liebe dich, du herrliches rotes Geschöpf, denn du bist schön, und das ist genug‹ – und ich wollte es in die Arme schließen. Aber das unterließ ich. Ich fand, ganz aus mir selbst, einen zweiten Grundsatz, dem ersten allerdings so ähnlich, daß ich befürchten mußte, es wäre nur ein Plagiat: ›Gebranntes Experiment scheut das Feuer.‹

Ich bohrte nochmals, und als ich genügend Feuerstaub gesammelt hatte, leerte ich ihn in eine Handvoll dürren, braunen Grases. Ich wollte ihn mit nach Hause nehmen, immer bei mir behalten und damit spielen – doch dann kam ein Windstoß, und es sprühte auf und leckte mir wütend entgegen; ich ließ es fallen und flüchtete. Als ich mich umsah, türmte der blaue Geist sich hoch empor, streckte und breitete sich wie eine Wolke; und auf der Stelle fiel mir auch der Name dafür ein: Rauch! – Obwohl ich, mein Wort darauf, noch nie etwas von Rauch gehört hatte.

Bald schoß durch den Rauch ein helles, gelbes und rotes Flackern empor. Ich gab ihm sogleich seinen Namen – Flammen –, ohne mich zu irren, obgleich es die ersten Flammen waren, die es in der Welt gab. Sie kletterten an den Bäumen empor, leuchteten prächtig inmitten der emporbrandenden Masse quirlender Rauchschwaden, und ich konnte nicht anders – ich klatschte in die Hände, lachte und tanzte vor Begeisterung, so neu und seltsam und herrlich war das alles!

Er kam herbeigerannt, blieb stehen und schaute minutenlang zu, ohne ein Wort zu sprechen. Dann fragte er, was das wäre. Daß er so unverblümt fragte, war einfach zu peinlich. Natürlich mußte ich seine Frage beantworten und tat es – ich sagte, es wäre Feuer. Wenn er verärgert war, weil ich es wußte und er nicht, so war es nicht meine Schuld; mir lag nichts daran, ihn zu ärgern. Nach einer Weile fragte er:

»Wie ist es gekommen?«
Wieder eine direkte Frage, die ebenso direkt beantwortet werden mußte.
»Ich habe es gemacht.«
Das Feuer entfernte sich immer weiter. Er trat an den Rand der verbrannten Stelle, schaute zu Boden und fragte:
»Was ist das?«
»Holzkohle.«
Er hob ein Stück davon auf, um es zu untersuchen, besann sich dann jedoch und legte es wieder hin. Danach ging er fort. Ihn interessiert eben nichts.
Aber ich war interessiert. Da lag Asche grau, weich, zart und hübsch – ich wußte sofort, was es war. Und die Glut – auch die Glut erkannte ich. Ich fand meine Äpfel, scharrte sie heraus und war froh darüber, denn ich bin noch sehr jung und habe einen regen Appetit. Aber dann war ich enttäuscht: Sie waren sämtlich geplatzt und verdorben – scheinbar verdorben, nicht in Wirklichkeit: Sie schmeckten sogar besser als rohe. Feuer ist schön – aber ich glaube, eines Tages wird es sogar nützlich sein.
Freitag. Ich sah ihn für einen Augenblick am vergangenen Montag bei Einbruch der Nacht – aber nur für einen Augenblick. Ich hatte gehofft, daß er meine Versuche, unseren Besitz zu verschönern, loben würde, denn ich hatte es gut gemeint und hart gearbeitet. Aber er war keineswegs erfreut; er wandte sich ab und ging weg. Allerdings hatte er noch einen anderen Grund, ungehalten zu sein: Ich hatte ihn davon abbringen wollen, den Wasserfall zu durchschwimmen. Das Feuer hatte mich ein neues Gefühl gelehrt – völlig neu und von den anderen, die ich bereits kannte, der Liebe und dem Kummer, deutlich unterschieden: die Angst. Das ist ein schreckliches

Gefühl – ich wollte, ich hätte es nie entdeckt. Es bereitet mir dunkle Stunden, zerstört mein Glück und macht mich zittern, schaudern und erbeben. Dennoch gelang es mir nicht, ihn zu überzeugen – er hat die Angst noch nicht entdeckt, und so konnte er mich nicht verstehen.

Auszug aus dem Tagebuch Adams

Vielleicht sollte ich bedenken, daß sie noch sehr jung ist – fast noch ein Kind –, und Zugeständnisse machen. Alles an ihr ist Anteilnahme, Eifer, Lebhaftigkeit; die Welt ist für sie ein Zauber, ein Wunder, ein Geheimnis, eine Freude. Findet sie eine neue Blume, so bringt sie vor Entzücken kein Wort heraus – sie muß sie streicheln und liebkosen, mit ihr sprechen und sie mit zärtlichen Namen überschütten. Außerdem ist sie farbensüchtig: braune Felsen, gelber Sand, graues Moos, grünes Laub, blauer Himmel; die Perlentöne der Dämmerung, die Purpurschatten der Berge, die goldenen, bei Sonnenuntergang im scharlachroten Meer treibenden Inseln, der bleiche Mond, der durch die zerfetzte Wolkenbank segelt, die diamantenen Sterne, glitzernd im unendlichen Raum – von all diesen Dingen hat, soweit ich es sehe, nichts irgendwelchen praktischen Wert; aber ihr genügt, daß es bunt und prächtig ist – sie könnte den Verstand darüber verlieren. Wenn sie nur einmal den Mund halten und von Zeit zu Zeit ein paar Minuten schweigen könnte, wäre ihr Anblick erholsam. Dann, glaube ich, würde es mir vielleicht Freude machen, sie anzuschauen; ich bin mir dessen sogar sicher, denn ich komme allmählich darauf, daß sie ein bemerkenswert anmutiges Geschöpf ist – geschmeidig, schlank, hübsch, wohlgeformt, flink, graziös; als sie einmal, im Sonnenschein hell wie Marmor, auf einem Findlingsblock stand, den jungen Kopf zurückgeworfen, mit der Hand die Augen beschattend, und den Flug eines Vogels in der Luft verfolgte, erkannte ich ihre Schönheit.

Montag mittag. Wenn es auf diesem Planeten etwas gäbe, an dem sie nicht interessiert wäre, so ist es mir noch nicht begegnet. Mir sind manche Tiere durchaus gleichgültig – das wäre für sie ein Ding der Unmöglichkeit. Sie kennt keine Unterschiede, beschäftigt sich mit allen, freut sich an allen, und jedes bisher unbekannte ist ihr willkommen.

Als der gewaltige Brontosaurus in unser Lager getrottet kam, betrachtete sie ihn wie einen unerwarteten Gast. Ich hielt ihn eher für eine Heimsuchung; das ist ein ausgezeichnetes Beispiel für die mangelnde Übereinstimmung unserer Ansichten in manchen Dingen. Sie äußerte die Absicht, ihn zu zähmen – ich dagegen gedachte ihm unsere Behausung als Geschenk zu überlassen und das Feld zu räumen. Sie war der Meinung, man könne ihn durch freundliche Behandlung erziehen und ein braves Schoßtier aus ihm machen. Ich entgegnete, ein einundzwanzig Fuß hohes und vierundachtzig Fuß langes Schoßtier um sich zu haben, wäre doch wohl nicht das rechte, zumal es – selbst bei bestem Willen und ohne jede böse Absicht – sich auf das Haus setzen und es zerquetschen könnte; am Ausdruck seiner Augen sei deutlich genug zu erkennen, daß es zerstreut wäre.

Und dennoch – sie hatte nun einmal ihr Herz daran gehängt, dieses Ungetüm zu behalten, und wollte es nicht aufgeben. Sie meinte, man könnte mit ihm eine Molkerei eröffnen, und verlangte, ich sollte ihr beim Melken helfen. Nun, ich weigerte mich – es war mir zu gefährlich. Außerdem widersprach das Geschlecht des Tieres diesem Vorhaben, und eine Leiter besaßen wir ohnehin nicht. Dann wollte sie auf ihm reiten und die

Gegend betrachten. Sein Schwanz streckte sich dreißig oder vierzig Fuß wie ein gefällter Baum auf der Erde hin, und sie glaubte, daran hochklettern zu können. Doch sie irrte sich; als sie die Stelle erreichte, an der er steil anstieg, erwies er sich als zu glitschig – sie glitt ab und hätte sich verletzt, wenn ich nicht zur Stelle gewesen wäre.

War sie nun zufrieden? Keineswegs. Nur Beweise können sie überzeugen – ungeprüfte Theorien sind nicht ihr Fall, davon will sie nichts wissen. Das ist die richtige Einstellung, ich muß es zugeben – ich finde sie sogar anziehend, spüre ihren Einfluß und glaube sogar, wenn ich mich öfter in ihrer Gesellschaft bewegte, könnte ich mich selbst damit befreunden. Was nun dieses Ungetüm betraf, entwickelte sie noch einen weiteren Plan – sie meinte, wenn wir es zähmen und an unseren Umgang gewöhnen könnten, ließe es sich in den Fluß stellen und als Brücke benutzen. Es zeigte sich, daß das Tier bereits zahm genug war – zumindest ihr gegenüber. So versuchte sie, ihren Plan auszuführen, aber er mißlang: Jedesmal, wenn sie es richtig in den Fluß gelockt hatte und ans Ufer kam, um ihn zu überqueren, kam es aus dem Wasser und folgte ihr wie ein Hündchen von Bergesgröße – wie die anderen Tiere, denn alle verhalten sich so.

Evas Tagebuch (Fortsetzung)

Freitag. Dienstag, Mittwoch, Donnerstag und heute – die ganze Zeit habe ich ihn nicht gesehen. Eine lange Zeit, um allein zu sein; und dennoch bin ich lieber allein als unerwünscht.

Ich mußte Gesellschaft um mich haben – ich bin dafür geschaffen, glaube ich; und so freundete ich mich mit den Tieren an. Sie sind einfach bezaubernd, immer liebenswürdig und

höflich im Umgang, lassen sich nie eine Verstimmung anmerken oder das Gefühl aufkommen, man wäre ihnen lästig – sie lächeln, wedeln mit dem Schwanz, wenn sie einen haben, und sind stets zu einer Balgerei, einem Ausflug oder anderen Unternehmen, die man ihnen vorschlägt, bereit. Ich finde, sie sind vollendete Kavaliere. All diese Tage waren ein reines Vergnügen – ich habe mich zumindest nicht einsam gefühlt. Einsam? – Nein, ich glaube nicht. Weshalb auch? Stets bin ich von einem ganzen Schwarm umgeben, manchmal über vier oder fünf Morgen Land hinweg, man könnte sie nicht zählen; und wenn man mitten zwischen ihnen auf einem Stein steht und über das Gewimmel ihrer Felle hinwegschaut, ist es so bunt, lebendig und farbenprächtig, so strahlend im hellen Schein der Sonne, so von helldunklen Streifen unterbrochen, daß man es für einen See halten könnte, wüßte man nicht, daß es keiner ist. Dann kommen Schwärme zutraulicher Vögel, wahre Stürme schwirrender Schwingen; und wenn die Sonne dieses Wirbeln von Flügeln und Federn trifft, leuchten alle Farben auf, die man sich nur vorstellen kann – genug, um geblendet die Augen zu schließen.
Wir unternahmen weite Ausflüge, und ich habe einen großen Teil der Welt gesehen – ich glaube fast, die ganze Welt; und so bin ich die erste und einzige Reisende. Unterwegs boten wir ein eindrucksvolles Bild – was ließe sich wohl damit vergleichen? Der Bequemlichkeit halber reite ich stets auf Tigern oder Leoparden, weil sie ein weiches Fell und einen runden Rücken haben, auf dem es sich gut sitzt, und weil es so hübsche Tiere sind; auf langen Strecken oder wenn ich die Gegend betrachten möchte, nehme ich einen Elefanten als Reittier. Er hebt mich mit dem Rüssel hinauf – absteigen kann ich allein:

Wenn wir lagern wollen, tut er sich nieder, und ich rutsche über seinen Rücken hinunter.
Die Tiere und Vögel sind allesamt freundlich zueinander – es gibt nie Streit unter ihnen. Alle können reden; sie reden auch mit mir, aber es muß sich um eine fremde Sprache handeln, denn ich verstehe kein Wort. Trotzdem verstehen sie mich, wenn ich etwas erwidere – besonders der Hund und der Elefant. Das beschämt mich. Es beweist, daß sie gescheiter sind als ich – daß sie mir überlegen sind. Ich ärgere mich darüber, denn schließlich möchte ich das wichtigste Experiment sein. Ich werde es sein, das ist meine feste Absicht.
Ich habe eine Menge gelernt und weiß jetzt um viele Dinge. Das war anfangs nicht so. Anfangs war ich dumm. Ich war wütend, weil es mir trotz allen Achtgebens nicht gelingen wollte, dabeizusein, wenn das Wasser wieder bergauf strömt; jetzt stört es mich nicht mehr. Ich habe es immer wieder versucht; heute weiß ich, daß es nie bergauf strömt – außer wenn es pechfinster ist. Denn im Dunkeln tut es das fraglos. Der Teich trocknet nicht aus, was er natürlich müßte, wenn das Wasser nicht in der Nacht zurückkäme. Dergleichen durch Versuche nachzuprüfen, ist sicher stets das beste – dann hat man Gewißheit; wenn man sich mit Erratenem, mit Vermutungen und vagen Folgerungen begnügt, lernt man nie etwas. Manche Dinge kann man freilich nicht herausfinden – aber auch das erfährt man nicht, indem man rät und vermutet, nein, man muß Geduld üben und so lange Experimente anstellen, bis man herausbekommt, daß man es nicht herausbekommt. Das Erfreuliche an dieser Methode ist, daß sie die Welt so interessant werden läßt. Wenn es überhaupt nichts herauszufinden gäbe, wäre es langweilig. Selbst der erfolglose Versuch, etwas herauszubekommen, ist interessant – vielleicht

ebenso interessant wie das Experiment, bei dem man Erfolg hat – wenn nicht gar noch interessanter. Das Geheimnis des Wassers war für mich ein wahrer Schatz – bis ich es entdeckt hatte; dann war die Spannung verschwunden, und ich hatte das Gefühl, etwas eingebüßt zu haben.

Versuche haben mich gelehrt, daß Holz schwimmt – desgleichen dürre Blätter, Federn und zahlreiche andere Dinge. Also weiß ich nach dem Gesetz der Wahrscheinlichkeit, daß auch Stein schwimmt. Allerdings muß ich mich mit dem bloßen Wissen zufriedengeben, denn es gibt – zumindest bis jetzt – keine Möglichkeit, es zu beweisen. Aber irgendwann werde ich eine solche Möglichkeit finden – und dann wird sich auch diese Spannung in nichts auflösen. Das sind Einsichten, die mich traurig stimmen, denn wenn ich mit der Zeit alles herausgefunden habe, werde ich auf nichts mehr gespannt sein – und dabei liebe ich Spannungen so! Erst neulich habe ich die ganze Nacht wachgelegen, weil ich darüber nachdenken mußte.

Anfangs begriff ich nicht, zu welchem Zweck ich erschaffen war; jetzt meine ich, daß es geschah, damit ich die Geheimnisse dieser wunderbaren Welt löse, darüber glücklich bin und dem Schöpfer dafür danke, daß er sie geschaffen hat. Ich glaube, es gibt noch viel für mich zu lernen – ich hoffe es jedenfalls. Wenn ich bedachtsam und nicht überstürzt vorgehe, werde ich voraussichtlich noch viele Wochen damit beschäftigt sein. Wenn man eine Feder in die Luft wirft, so segelt sie davon und entschwindet dem Blick; dann schleudert man einen Lehmklumpen in die Höhe, und er tut es nicht. Er fällt jedesmal wieder herunter. Ich habe es immer wieder ausprobiert – es ist stets das gleiche. Woran mag das liegen? Natürlich kommt er nicht wirklich wieder herunter – aber warum scheint es so?

Ich nehme an, es handelt sich um eine optische Täuschung – das heißt, in einem der beiden Fälle; in welchem, vermag ich nicht zu sagen. Es kann die Feder sein – es kann auch der Lehmklumpen sein; ich finde keinen Beweis, weder für das eine noch für das andere. Ich kann nur darauf hinweisen, daß entweder das eine oder das andere Schwindel ist – mag jeder seine Wahl selbst treffen.

Durch Beobachtung weiß ich, daß die Sterne nicht für die Dauer geschaffen sind. Ich habe gesehen, wie einige der besten zerschmolzen und am Himmel herunterliefen. Wenn aber einer schmelzen kann, können alle schmelzen; und wenn alle schmelzen können, ist es auch möglich, daß sie alle in einer einzigen Nacht schmelzen. Dieser Kummer steht mir noch bevor, ich weiß es. Ich will von nun an jede Nacht aufbleiben und sie so lange betrachten, wie es mir gelingt, mich wachzuhalten. Ich möchte diese funkelnden Himmelsflächen meinem Gedächtnis einprägen. Wenn sie einmal verschwunden sein werden, kann ich dem schwarzen Himmel mit Hilfe meiner Phantasie diese zahllosen, herrlichen Gebilde zurückerstatten; ich kann sie von neuem funkeln lassen und sie, indem ich sie durch meine Tränen hindurch anschaue, sogar doppelt sehen.

Nach dem Sündenfall

Wenn ich zurückschaue, erscheint mir der Garten wie ein Traum. Er war schön, herrlich schön, über alle Maßen schön. Doch nun ist er verloren, und ich werde ihn nie mehr sehen. Der Garten ist verloren, aber ich habe *ihn* gefunden – und ich bin zufrieden. Er liebt mich, so gut er kann. Ich liebe ihn mit der ganzen Kraft meiner leidenschaftlichen Natur – das ist, wie mir scheint, meiner Jugend und meinem Geschlecht durchaus angemessen. Frage ich mich, weshalb ich ihn liebe, so muß ich feststellen, daß ich es nicht weiß, und im Grunde liegt mir auch nicht sehr daran, es zu wissen. Vermutlich entspringt diese Liebe nicht irgendwelchen Überlegungen oder Versuchen wie die Liebe zu anderen Reptilien und sonstigen Tieren. Ich glaube fast, das soll so sein. Manche Vögel liebe ich ihres Gesanges wegen – Adam dagegen liebe ich nicht, weil er singt. Nein, das ist es nicht – je öfter er singt, desto weniger kann ich mich damit versöhnen. Und dennoch bitte ich ihn, zu singen – ich möchte alles liebgewinnen, woran er Freude hat. Ich bin sicher, daß es mir gelingen wird – anfangs konnte ich seinen Gesang nicht aushalten, doch nun kann ich es. Wenn er singt, säuert die Milch, aber das macht mir nichts aus – ich kann mich auch an saure Milch gewöhnen.

Ich liebe ihn nicht um seines Verstandes willen – nein, das ist es nicht. Man kann ihm keinen Vorwurf daraus machen, daß seine Geistesgaben so sind, wie sie nun einmal sind, denn er kann nichts dafür; er ist, wie Gott ihn geschaffen hat, und das genügt: Es steckt eine weise Voraussicht darin, dessen bin ich sicher. Und mit der Zeit wird auch sein Verstand sich entwickeln, wenn ich auch nicht glaube, daß es bald geschehen Wird; aber es hat keine Eile damit – er ist gut so, wie er ist.

Ich liebe ihn auch nicht um seines gewandten und bedachtsamen Wesens – nicht um seiner Feinfühligkeit willen. Nein – in diesen Dingen hat er seine Fehler. Aber er ist mir gut genug – und er bessert sich mit der Zeit.

Ich liebe ihn nicht um seines Fleißes willen – nein, das ist es nicht. Ich glaube, daß Fleiß in ihm steckt; allerdings weiß ich nicht, weshalb er ihn vor mir verbirgt. Das ist mein einziger Kummer; in allen anderen Dingen ist er frei und offen zu mir. Daß er sonst keinerlei Geheimnisse vor mir hat, weiß ich genau. Es grämt mich, daß er etwas vor mir verbirgt; manchmal bringt es mich um den Schlaf, wenn ich darüber nachdenke – aber ich will nicht mehr darüber nachdenken; es soll den Überfluß an Glück, den ich empfinde, nicht beeinträchtigen. Ich liebe ihn nicht um seines Wissens willen – nein, das ist es nicht. Schließlich hat er es selbst erworben; er weiß tatsächlich allerhand – aber allzuweit ist es damit nicht her.

Ich liebe ihn nicht um seiner Ritterlichkeit willen – nein, das ist es nicht. Er hat mich angefahren, aber ich nehme es ihm nicht übel; vermutlich ist es eine Eigenheit seines Geschlechts, und das hat er schließlich nicht selbst geschaffen. Natürlich hätte ich ihn niemals angefahren, ich wäre eher gestorben; aber ich bilde mir nichts darauf ein, denn auch das ist eine Eigenheit des Geschlechts, und ich bin nicht schuld daran.

Aber weshalb liebe ich ihn dann überhaupt? Ich glaube, einzig weil er ein Mann ist.

Er ist gut im Grunde seines Herzens, und ich liebe ihn deshalb – aber ich würde ihn auch ohne das lieben. Ich würde ihn lieben, auch wenn er mich schlüge und beschimpfte, das weiß ich. Auch das ist eine Sache des Geschlechts, meine ich. Er ist stark und sieht gut aus, und ich liebe ihn deswegen, ich bewundere ihn und bin stolz auf ihn – aber ich liebte ihn auch, wenn ihm diese Eigenschaften fehlten. Ich würde ihn lieben, wenn er häßlich wäre. Wenn er krank und schwach wäre, würde ich ihn lieben, für ihn arbeiten, mich für ihn abrackern, für ihn beten und an seinem Bett wachen, bis ich sterben müßte. Ja – ich glaube, ich liebe ihn, nur weil er mein ist und ein Mann. Mir scheint, es gibt keinen anderen Grund. Und deshalb ist es wohl so, wie ich schon sagte – diese Art von Liebe entspringt nicht irgendwelchen Überlegungen oder Berechnungen. Sie überkommt einen – niemand weiß, woher – und läßt sich nicht erklären. Aber sie bedarf auch keiner Erklärung. Das ist jedenfalls meine Überzeugung. Aber ich bin nur eine Frau – dazu die erste, die diese Dinge erlebt hat – und es könnte sich herausstellen, daß ich sie in meiner Unwissenheit und Unerfahrenheit nicht richtig begriffen habe.

Vierzig Jahre später

Daß wir gemeinsam aus diesem Leben scheiden, ist mein Wunsch und mein Gebet – eine Sehnsucht, die nie von der Erde schwinden, sondern bis ans Ende der Zeiten im Herzen jeder liebenden Frau fortbestehen wird; sie soll meinen Namen tragen.

Doch wenn einer von uns zuerst gehen muß, so bete ich darum, daß ich es bin. Denn er ist stark – ich bin schwach; er bedarf meiner nicht so sehr, wie ich ihn brauche. Ein Leben ohne ihn wäre kein Leben – wie sollte ich es ertragen? Auch diese Bitte ist unvergänglich; sie wird nicht verstummen, solange mein Geschlecht auf Erden wandelt. Ich bin die erste Frau, und noch in der letzten werde ich wiedererstehen.

An Evas Grab

ADAM: Wo immer sie ging und stand, war das Paradies.

KANNIBALISMUS AUF DER EISENBAHN

Kürzlich war ich in St. Louis, und nachdem ich auf meinem Wege nach dem Westen in Terre Haute, Indiana, umgestiegen war, stieg auf einem kleinen Bahnhof ein freundlicher, wohlwollend aussehender Herr von ungefähr fünfundvierzig oder vielleicht fünfzig zu und setzte sich neben mich. Etwa eine Stunde unterhielten wir uns angenehm über verschiedenes, und ich fand ihn äußerst intelligent und ergötzlich. Als er hörte, daß ich aus Washington war, begann er sofort, mich nach mehreren Männern der Öffentlichkeit und Angelegenheiten des Kongresses zu fragen; ich bemerkte sehr bald, daß ich mit jemandem sprach, der mit allen Windungen des politischen Lebens der Regierungshauptstadt bis zu den Gewohnheiten, Sitten und Verfahrensweisen von Senatoren und Abgeordneten in den Häusern der gesetzgebenden Körperschaften völlig vertraut war.

Kurz darauf blieben zwei Männer einen einzigen Augenblick neben uns stehen, und einer sagte zum anderen: »Harris, wenn du das für mich tust, werde ich dich nie vergessen, mein Junge.« Die Augen meines neuen Gefährten leuchteten vergnügt auf. Die Worte hatten, glaube ich, eine erfreuliche Erinnerung geweckt. Dann machte er ein nachdenkliches – fast düsteres Gesicht. Er wandte sich mir zu und sagte:

»Ich will Ihnen eine Geschichte erzählen; ich will Ihnen ein geheimes Kapitel meines Lebens eröffnen – ein Kapitel, das von mir noch nie berührt worden ist, seit sich das Begebnis ereignete. Hören Sie geduldig zu und versprechen Sie, daß Sie mich nicht unterbrechen werden.«

Ich sagte, ich wolle ihn nicht unterbrechen, und er erzählte das folgende seltsame Abenteuer, indem er manchmal lebhaft, manchmal schwermütig sprach, doch immer mit Gefühl und Ernst.

»Am 19. Dezember 1853 nahm ich in St. Louis den Abendzug nach Chicago. Es waren insgesamt nur vierundzwanzig Fahrgäste. Frauen und Kinder befanden sich nicht darunter. Es herrschte eine ausgezeichnete Stimmung, und bald wurden angenehme Bekanntschaften geschlossen. Die Reise versprach eine glückliche zu werden, und kein einziges Mitglied der Gesellschaft hatte, glaube ich, auch nur die leiseste Ahnung der Schrecken, die wir bald auszustehen haben sollten.
Um dreiundzwanzig Uhr begann es stark zu schneien. Gleich nach Verlassen der kleinen Stadt Welden kamen wir in die ungeheure Einsamkeit der Großen Ebene, deren Meilen um Meilen häuserlose Einöde sich weit hinaus bis nach den Jubilee Settlements erstrecken. Ohne von Bäumen oder Hügeln oder auch von verstreuten Felsen aufgehalten zu werden, heulte der Wind ungestüm über die ebene Wüste und trieb den fallenden Schnee vor sich her wie die Gischt von den Wellenkämmen der stürmischen See. Schnell wurde der Schnee höher, und an der abnehmenden Geschwindigkeit des Zuges erkannten wir, daß sich die Lokomotive mit ständig wachsender Mühe hindurchpflügte. Sie kam tatsächlich manchmal in großen Schneewehen richtig zum Stehen, die sich wie kolossale Grabhügel quer über die Schienen türmten. Die Unterhaltung erlahmte. Die Heiterkeit wich ernster Besorgnis. Die Möglichkeit, vom Schnee eingeschlossen zu werden, in der kahlen Prärie, fünfzig Meilen vom nächsten Haus, drang in jedermanns Vorstellung und erstreckte ihren niederdrückenden Einfluß auf eines jeden Geist.

Um zwei Uhr morgens wurde ich durch das Aufhören aller Bewegung um mich aus unruhigem Schlaf geweckt. Sofort fuhr mir die entsetzliche Wahrheit in den Sinn: Wir steckten in einer Schneewehe fest! ›Alle Mann zu Hilfe!‹ Jeder folgte schnell dem Ruf. In dem Bewußtsein, daß ein einziger verlorener Augenblick allen das Leben kosten konnte, sprang jeder von uns in die wilde Nacht, die pechschwarze Dunkelheit, in den wogenden Schnee, den wütenden Sturm. Schaufeln, Hände, Bretter – alles und jedes, womit man Schnee räumen kann, wurde sofort eingesetzt. Es war ein geisterhaftes Bild, die kleine Gesellschaft Verzweifelter, die gegen den sich häufenden Schnee ankämpften, halb im schwärzesten Schatten und halb in dem düsteren Schein, den die Lampe der Lokomotive warf. Eine knappe Stunde genügte, um die absolute Zwecklosigkeit unserer Anstrengungen zu beweisen. Während wir eine Schneewehe wegschaufelten, verbarrikadierte der Sturm die Strecke mit einem Dutzend neuer Wehen. Und schlimmer noch, man entdeckte, daß beim letzten großen Ansturm, den die Maschine auf den Feind unternahm, die Antriebsachse gebrochen war. Selbst wenn die Strecke vor uns frei gewesen wäre, hätten wir hilflos dagesessen. Abgekämpft von der Arbeit und voller drückender Sorgen, stiegen wir wieder in den Zug. Wir scharten uns um die Öfen und erörterten ernst die Lage. Lebensmittel besaßen wir überhaupt keine – das war unser größter Kummer. Erfrieren konnten wir nicht, denn im Tender befand sich ein reichlicher Vorrat an Holz. Das war unser einziger Trost. Die Aussprache endete schließlich mit der Annahme der beklemmenden Feststellung des Schaffners, die besagte, daß es eines jeden Tod wäre, zu versuchen, fünfzig Meilen durch solchen Schnee zu Fuß zurückzulegen; wir konnten nicht nach Hilfe schicken, und selbst wenn wir das gekonnt hätten, wäre sie nicht imstande gewesen, zu uns zu gelangen; wir mußten uns fügen und warten, so geduldig wie nur möglich – Hilfe oder Hungertod! Ich glaube, als diese Worte fielen, überrieselte auch die stärksten Herzen ein flüchtiger Schauer.

In der gleichen Stunde verebbte die Unterhaltung zu einem leisen Murmeln, das man sporadisch zwischen dem Anschwellen und Abflauen der Windstöße hier und da im Wagen vernahm; der Schein der Lampen wurde schwächer, und die meisten der Gestrandeten ließen sich in den flackernden Schatten nieder, um nachzudenken – um die Gegenwart zu vergessen, wenn sie es vermochten –, um zu schlafen, wenn sie konnten.

Die ewige Nacht – uns schien sie bestimmt ewig – ließ ihre zaudernden Stunden endlich verstreichen, und die kalte graue Dämmerung brach im Osten an. Als es heller wurde, begann ein Reisender nach dem anderen sich zu rühren und Lebenszeichen von sich zu geben, und der Reihe nach schoben sie den Schlapphut aus der Stirn, streckten die steifen Glieder und guckten aus dem Fenster auf die trostlose Landschaft. Sie war wirklich trostlos! Nirgends ein lebendes Wesen zu sehen, keine menschliche Behausung, nichts als eine unermeßliche weiße Wüste, ganze Schneefelder, die vom Winde hochgehoben und hierhin und dahin getrieben wurden, eine Welt wirbelnder Flocken, die das Firmament oben dem Blick verbargen.

Den ganzen Tag bliesen wir Trübsal in den Wagen, sprachen wenig, grübelten viel. Eine neue dahinschleichende düstere Nacht – und Hunger.

Eine neue Dämmerung, ein neuer Tag des Schweigens, der Kümmernis, des zehrenden Hungers und der hoffnungslosen Ausschau nach Hilfe, die nicht kommen konnte. Eine Nacht unruhigen Schlafes mit Träumen von Festgelagen – mit wachen Stunden, die der quälende Hunger zur Pein machte. Der vierte Tag kam und ging – und der fünfte. Fünf Tage furchtbarer Gefangenschaft! In jedem Auge stierte wilder Hunger. Er trug Anzeichen von entsetzlicher Bedeutung – die Vorahnung von etwas, das verschwommen in eines jeden Vorstellung Gestalt annahm, etwas, das noch keine Zunge in Worte zu fassen wagte.

Der sechste Tag ging vorüber – der siebente brach über eine so dürre, abgehärmte und hoffnungslose Gesellschaft von Menschen herein, wie nur je im Schatten des Todes stand. Es mußte heraus! Dieses Etwas, das in jedermanns Vorstellung herangereift war, drängte sich endlich jedem auf die Lippen! Man hatte der Natur das Äußerste abverlangt – sie mußte unterliegen. Richard H. Gaston von Minnesota, groß, totenblaß und bleich, erhob sich. Alle wußten, was nun kam. Alle bereit – jede Gemütsbewegung, jeder Anschein von Erregung waren erstickt, nur ein ruhiger, nachdenklicher Ernst erschien in den Augen, die eben noch so wild blickten.

›Meine Herren – es kann nicht länger aufgeschoben werden! Die Zeit ist da! Wir müssen bestimmen, wer von uns sterben soll, um die übrigen mit Nahrung zu versorgen!‹

Mr. John J. Williams von Illinois erhob sich und sagte: ›Meine Herren, ich schlage Hochwürden James Sawyer von Tennessee als Kandidaten vor.‹

Mr. Wm. R. Adams von Indiana sagte: ›Ich schlage Dr. Daniel Slote von New York als Kandidaten vor.‹

Mr. Charles J. Langdon: ›Ich schlage Mr. Samuel A. Bowen von St. Louis als Kandidaten vor.‹

Mr. Slote: ›Meine Herren, ich möchte zurücktreten zugunsten von Mr. John A. van Nostrand jr. von New Jersey.‹

Mr. Gaston: ›Wenn niemand Einspruch erhebt, wird dem Wunsche des Herrn entsprochen.‹

Da Mr. van Nostrand Einspruch erhob, wurde das Rücktrittsgesuch Mr. Slotes abgelehnt. Rücktrittsgesuche wurden auch von den Kandidaten Sawyer und Bowen eingebracht und aus denselben Gründen abgelehnt.

Mr. A. L. Bascom von Ohio: ›Ich beantrage, daß die Kandidatenliste abgeschlossen wird und das Haus zur geheimen Abstimmung schreitet.‹

Mr. Sawyer: ›Meine Herren, ich erhebe scharfen Protest gegen dieses Verfahren. Es ist in jeder Hinsicht ordnungswidrig und unziemlich. Ich möchte höflichst beantragen, daß es eingestellt wird und daß wir einen Vorsitzenden der Verhandlung und geeignete Beamte zu seiner Unterstützung wählen, und dann können wir in der vorliegenden Sache verständig fortfahren.‹

Mr. Bell von Iowa: ›Meine Herren, ich erhebe Einspruch. Dies ist keine Zeit, sich auf Formen und die Einhaltung des Zeremoniells zu versteifen. Mehr als sieben Tage sind wir ohne Nahrung. Jeder Augenblick, den wir mit müßiger Erörterung verlieren, vergrößert unser Elend. Ich billige die Nominierung, die hier vorgenommen wurde – jeder der anwesenden Herren billigt sie, glaube ich –, und was mich betrifft, so sehe ich keinen Grund, weshalb wir nicht sofort dazu übergehen sollten, einen oder mehrere der Kandidaten zu wählen. Ich möchte eine Resolution vorlegen …‹

Mr. Gaston: ›Es würde Einspruch dagegen erhoben werden, und sie müßte gemäß Satzung einen Tag liegenbleiben, was genau zu der Verzögerung führen würde, die Sie zu vermeiden wünschen. Der Herr von New Jersey …‹

Mr. van Nostrand: ›Meine Herren, ich bin Ihnen fremd; ich habe die Auszeichnung nicht begehrt, die mir zuteil geworden ist, und mein Zartgefühl …‹

Mr. Morgan von Alabama (ihn unterbrechend): ›Ich unterstütze den vorhergehenden Antrag.‹

Der Antrag wurde angenommen und eine weitere Debatte natürlich abgeschnitten. Der Antrag, einen Vorstand zu wählen, kam durch, und dabei wurden dann Mr. Gaston zum Vorsitzenden gewählt, Mr. Blake zum Sekretär und die Herren Holcomb, Dyer und Baldwin als Nominierungsausschuß und Mr. R.M. Howland zum Furier, der den Ausschuß bei der Auswahl unterstützen sollte.

Die Sitzung wurde dann eine halbe Stunde vertagt, und es folgte ein bißchen Agitation zur Vorbereitung der Wahl. Mit dem Klopfen des Hammers traten die Mitglieder wieder zusammen, und der Ausschuß gab seinen Bericht, in dem er sich für die Herren George Ferguson von Kentucky, Lucien Herman von Louisiana und W. Messick von Colorado als Kandidaten aussprach. Der Bericht wurde angenommen.

Mr. Rogers von Missouri: ›Herr Präsident! Da der Bericht dem Hause nunmehr ordnungsgemäß vorliegt, beantrage ich eine Änderung, indem man statt des Namens von Mr. Herman den von Mr. Lucius Harris von St. Louis einsetzt, der uns allen gut als ehrenhaft bekannt ist. Ich möchte nicht so verstanden werden, als wolle ich auch nur im geringsten ein schlechtes Licht auf den Ruf und das hohe Ansehen des Herrn aus Louisiana werfen – weit davon entfernt. Ich schätze und achte ihn so sehr, wie ihn jeder hier anwesende Herr möglicherweise nur schätzen kann; aber niemand von uns kann die Tatsache übersehen, daß er in der Woche, die wir hier liegen, mehr Fleisch verloren hat als jeder andere; niemand von uns kann die Tatsache übersehen, daß der Ausschuß seine Pflicht verletzte, sei es aus Fahrlässigkeit oder einem schwereren Vergehen, wenn er uns einen Herrn zur Abstimmung darbietet, der, so lauter seine eigenen Beweggründe auch sein mögen, wirklich weniger Nährstoff enthält …‹

Der Vorsitzende: ›Der Herr von Missouri möchte Platz nehmen. Der Vorsitzende kann es nicht zulassen, daß die Integrität des Ausschusses angezweifelt wird, es sei denn durch ein ordentliches Verfahren gemäß Satzung. Welche Schritte will das Haus in bezug auf den Antrag dieses Herrn unternehmen?‹

Mr. Halliday von Virginia: ›Ich stelle einen weiteren Antrag, den Bericht zu ändern, indem man Mr. Messick durch Mr. Harvey Davis von Oregon ersetzt. Es mag von den Herren vorgebracht werden, daß die Strapazen und Entbehrungen des Lebens an der Grenze Mr. Davis zäh gemacht haben; aber, meine Herren, ist das der richtige Zeitpunkt, über Zähigkeit zu nörgeln? Ist das der richtige Zeitpunkt, in Kleinigkeiten wählerisch zu sein? Nein, meine Herren, Masse ist es, was wir wünschen, Substanz, Gewicht, Masse – das sind jetzt die allerersten Erfordernisse, und nicht Talent, nicht geniale Begabung, nicht Bildung. Ich bestehe auf meinem Antrag.‹

Mr. Morgan (erregt): ›Herr Vorsitzender – gegen diese Änderung erhebe ich schärfsten Einspruch. Der Herr aus Oregon ist alt, und überdies machen nur die Knochen seine Masse aus – nicht das Fleisch. Ich frage den Herrn aus Virginia, ob wir etwa Suppe wollen anstelle fester Nahrung? Ob er uns mit Schatten täuschen will? Ob er unser Leiden mit einem oregonschen Gespenst verhöhnen will? Ich frage ihn: Wenn er sich einmal umschaut und sich die bekümmerten Gesichter ansieht, wenn er einmal in unsere traurigen Augen blickt, wenn er einmal dem Pochen unserer erwartungsvollen Herzen lauscht – ob er uns dann noch den vom Hunger gezeichneten Betrug andrehen will? Ich frage ihn: Wenn er einmal unsere Verlassenheit, unseren vergangenen Schmerz und unsere dunkle Zukunft bedenkt – ob er uns dann noch erbarmungslos mit diesem Wrack, dieser Ruine, diesem schwankenden Schwindel, diesem knorrigen, verdorbenen und saftlosen Vagabunden von Oregons ungastlichen Gefilden anschmieren will? Niemals!‹ (Beifall.)

Nach heftiger Debatte wurde der Abänderungsantrag zur Abstimmung gebracht und abgelehnt. Dem ersten Abänderungsantrag gemäß wurde Mr. Harris eingesetzt. Dann begann die Wahl. Fünf Wahlgänge verliefen ohne Ergebnis. Im sechsten wurde Mr. Harris gewählt, wobei alle außer ihm selbst für ihn stimmten. Es wurde dann beantragt, daß seine Wahl durch Akklamation ratifiziert werden solle, was erfolglos war, da er wieder gegen sich stimmte.

Mr. Radway stellte den Antrag, daß sich das Haus nun mit den übrigen Kandidaten befassen und eine Wahl für das Frühstück durchführen soll. Dem wurde zugestimmt.

Im ersten Wahlgang gab es eine Stimmengleichheit, da die Hälfte der Mitglieder den einen Kandidaten wegen seiner Jugend, die andere Hälfte den anderen wegen seiner überragenden Größe unterstützte. Der Präsident gab seine entscheidende Stimme dem letzteren, Mr. Messick. Unter den Freunden Mr. Fergusons, des unterlegenen Kandidaten, rief das eine beträchtliche Unzufriedenheit hervor, und man redete davon, daß man einen neuen Wahlgang fordern wolle; mittendrin wurde jedoch einem Antrag auf Vertagung stattgegeben, und die Versammlung ging sofort auseinander.

Die Vorbereitungen zum Abendbrot lenkten die Aufmerksamkeit der Ferguson-Partei eine ganze Weile von der Erörterung ihrer Beschwerde ab, und als sie die Diskussion wieder aufnehmen wollte, schlug die freudige Bekanntmachung, daß Mr. Harris fertig sei, alle Gedanken daran in den Wind.

Wir richteten provisorisch Tische her, indem wir die Lehnen der Sitze hochklappten, und setzten uns dankbaren Herzens zu dem feinsten Abendbrot nieder, das sieben quälende Tage lang unsere Träume beglückt hatte. Wie umgewandelt wir waren gegenüber unserem Zustand wenige Stunden zuvor! Hoffnungslosigkeit, trübäugiges Elend, Hunger, fieberndes Verlangen, Verzweiflung – und nun Dankbarkeit, Gelassenheit, eine Freude, die zu groß war, um Ausdruck zu finden. Ich weiß, dies war die froheste Stunde meines ereignisreichen Lebens. Der Wind heulte und trieb den Schnee um unser Gefängnis, aber er hatte keine Macht, uns noch in Trübsal zu stürzen.

Mir gefiel Harris. Vielleicht hätte man ihn besser zubereiten können, aber ich bin bereit zu sagen, daß mir niemals jemand besser bekommen ist als Harris oder mir in einem solchen Maße Befriedigung gewährte. Messick war zwar sehr gut, obwohl ziemlich stark gewürzt, aber was unverfälschte Nahrhaftigkeit und die Zartheit der Fasern betrifft, da lobe ich mir Harris. Messick hatte seine guten Seiten – ich versuche nicht, das zu leugnen, und will es auch gar nicht leugnen –, aber er paßte zum Frühstück ebensowenig wie eine Mumie, Sir – ganz genausowenig. Mager? – Du meine Güte! – Und zäh? Oh, der war zäh! Sie machen sich kein Bild – Sie machen sich ja überhaupt kein Bild davon.«

»Wollen Sie mir etwa erzählen, daß …«

»Unterbrechen Sie mich bitte nicht. Nach dem Frühstück wählten wir einen Mann namens Walker aus Detroit zum Abendbrot. Er war sehr gut. Später schrieb ich das seiner Frau. Ihm gebührt jedes Lob. Ich werde Walker niemals vergessen. Er war nicht ganz durch, aber sonst sehr gut. Und am nächsten Morgen hatten wir dann Morgan von Alabama zum Frühstück. Das war einer der feinsten Männer, über die ich mich je hergemacht habe – ansehnlich, gebildet, vornehm, sprach mehrere Sprachen fließend, ein vollkommener Gentleman – er war ein vollkommener Gentleman und ungewöhnlich saftig.

Zum Abendbrot hatten wir diesen oregonschen Mummelgreis, und das *war* ein Betrug, da gibt es gar keine Frage – alt, dürr, zäh, das kann sich niemand ausmalen. Schließlich sagte ich: ›Meine Herren, Sie können machen, was Sie wollen, aber ich werde auf die nächste Wahl warten.‹

Und Grimes von Illinois sagte: ›Meine Herren, auch ich werde warten. Wenn Sie jemanden wählen, der auch nur etwas hat, das für ihn spricht, wird es mir angenehm sein, Ihnen wieder Gesellschaft zu leisten.‹

Bald wurde offensichtlich, daß mit Davis von Oregon allgemeine Unzufriedenheit herrschte; um das gegenseitige Wohlwollen zu erhalten, das sich so erfreulich durchsetzte, nachdem wir Harris gehabt hatten, wurde also zur Wahl gerufen, mit dem Ergebnis, daß Baker von Georgia gewählt wurde. Er war prächtig. Nun, danach hatten wir Doolittle, Hawkins und McElroy (es gab einige Beschwerden über McElroy, denn er war ungewöhnlich klein und dünn) und Penrod, zwei Smiths und Bailey (Bailey hatte ein Holzbein, was ein klarer Ausfall war, aber sonst war er gut) und einen Indianerjungen, einen Leierkastenmann und einen Herrn namens Buckminster – einen armseligen langweiligen Vagabunden, der zur Gesellschaft nicht taugte und als Frühstück nichts wert war. Wir waren froh, daß wir ihn noch wählen konnten, bevor wir befreit wurden.«

»So kam also die glückliche Befreiung doch noch?«

»Ja, sie kam eines strahlenden, sonnigen Morgens kurz nach der Wahl. Sie fiel auf John Murphy, und es gab keinen Besseren, das will ich gern bestätigen; aber in dem Zug, der uns zu Hilfe kam, fuhr John Murphy mit uns nach Hause und blieb am Leben, um die Witwe Harris zu heiraten ...«

»Die Witwe des ...«

»Die Witwe unseres zuerst Gewählten. Er hat sie geheiratet und ist immer noch glücklich und angesehen und gedeiht wohl. Oh, es war wie ein Roman, Sir, es war wie ein Abenteuerroman. Das ist meine Station, Sir, ich muß mich verabschieden. Wenn es Ihnen einmal gelegen sein sollte, einen Tag oder zwei bei mir zu verbringen, so wird es mich jederzeit freuen, Sie zu empfangen. Sie gefallen mir, Sir; ich habe eine Zuneigung zu Ihnen gefaßt. Sie könnten mir so sehr gefallen, wie mir Harris selbst gefiel, Sir. Guten Tag, Sir, und angenehme Reise.«

Er war weg. In meinem ganzen Leben habe ich mich nie so niedergeschmettert, so elend, so durcheinander gefühlt. Doch im Innersten war ich froh, daß er weg war. Trotz all der Sanftheit seines Benehmens und seiner weichen Stimme habe ich immer geschaudert, wenn er sein hungriges Auge auf mich richtete; und als ich hörte, ich hätte seine gefährliche Zuneigung gewonnen und stünde in seiner Wertschätzung fast neben dem verstorbenen Harris, da stockte mir ganz und gar das Herz!

Ich war über alle Beschreibung verwirrt. An seinen Worten zweifelte ich nicht; an einem Bericht, der solchermaßen vom Eifer der Wahrheit geprägt war, konnte ich nicht einen einzigen Punkt in Frage stellen; doch überwältigten mich die schrecklichen Einzelheiten und warfen meine Gedanken hoffnungslos durcheinander. Ich sah, wie mich der Schaffner anschaute. »Wer war dieser Mann?« fragte ich.

»Er war früher Kongreßmitglied, und zwar ein gutes. Doch er blieb einmal mit dem Zug in einer Schneewehe stecken und wäre beinahe Hungers gestorben. Er holte sich solche Erfrierungen und fror allgemein dermaßen ein und war so erschöpft aus Mangel an Nahrung, daß er danach zwei oder drei Monate krank und nicht mehr ganz richtig war. Jetzt ist er wieder in Ordnung, nur hat er eine Zwangsvorstellung, und wenn er auf das alte Thema zu sprechen kommt, hört er nicht eher auf, bis er die ganze Wagenladung von Leuten verspeist hat, von denen er redet. Er wäre inzwischen mit der Gesellschaft fertig geworden, nur mußte er aussteigen. Wie das Abc hat er ihre Namen zur Hand. Wenn er sie alle außer sich selbst aufgegessen hat, sagt er immer: ›Als dann die Stunde der üblichen Wahl zum Frühstück gekommen war und es keine Opposition gab, wurde ich ordnungsgemäß gewählt, worauf ich, da kein Einspruch erhoben wurde, zurücktrat. Und so bin ich hier.‹«

Ich fühlte mich unbeschreiblich erleichtert, als ich erfuhr, daß ich nur den harmlosen Hirngespinsten eines Verrückten zugehört hatte und nicht den authentischen Erfahrungen eines blutrünstigen Kannibalen.

DER MANN, DER HADLEYBURG KORRUMPIERTE

1

Es ist viele Jahre her. Hadleyburg war im weiten Umkreis die redlichste und rechtschaffenste Stadt. Drei Generationen hindurch hatte es diesen Ruf makellos erhalten und war stolz darauf, mehr als auf jeden anderen Besitz. So stolz war es auf seinen Ruf und so eifrig bestrebt, ihn zu wahren, daß es die Grundsätze redlichen Lebenswandels den Kindern schon in der Wiege einzutrichtern begann und derlei Lehren ihre ganze Schulzeit hindurch zum Hauptgegenstand ihrer Erziehung machte. Zudem hielt man den jungen Leuten in den bildungsfähigen Jahren alle Versuchungen fern, damit ihre Redlichkeit sich ungestört kräftigen und festigen und ihnen in Fleisch und Blut übergehen konnte. Die Nachbarstädte neideten Hadleyburg diese ehrenvolle Vorrangstellung und taten, als lächelten sie über seinen Stolz, den sie Eitelkeit nannten; aber dennoch mußten sie einräumen, daß Hadleyburg in der Tat eine unbestechliche Stadt war, und auf stärkeres Drängen gaben sie auch zu, die bloße Tatsache, daß ein junger Mann aus Hadleyburg stamme, reiche völlig als Empfehlung aus, wenn er seine Heimatstadt auf der Suche nach einer verantwortungsvollen Stellung verlasse.

Aber schließlich, wie die Zeit verstrich, hatte Hadleyburg einmal das Pech, einen durchreisenden Fremden zu beleidigen – wahrscheinlich, ohne es zu wissen, und ganz bestimmt, ohne sich viel Gedanken darüber zu machen, denn Hadleyburg war selbstzufrieden und scherte sich keinen Pfifferling um Fremde oder deren Meinung. Und doch hätte es in diesem einen Falle lieber eine Ausnahme machen sollen, denn er war ein bitterer, rachsüchtiger Mensch. Ein ganzes Jahr lang, auf all seinen Wegen, behielt er die Kränkung im Gedächtnis und widmete alle Mußestunden dem Versuch, eine befriedigende Genugtuung zu ersinnen. Er tüftelte mancherlei Pläne aus, und alle waren gut, aber keiner war ihm durchgreifend genug; noch der harmloseste aus dieser Reihe hätte eine große Anzahl Menschen in Mitleidenschaft gezogen, aber was er suchte, war ein Plan, der die ganze Stadt erfaßte und keinen einzigen Einwohner unbehelligt davonkommen ließe. Schließlich hatte er eine glückliche Idee, und als sie ihm ins Gehirn schoß, entzündete sie in seinem ganzen Kopf ein boshaftes Entzücken. Er ging sogleich daran, seinen Plan zu entwerfen, und sagte sich dabei: ›Das ist genau das Richtige – ich werde die Stadt korrumpieren.‹

Sechs Monate später fuhr er nach Hadleyburg und hielt gegen zehn Uhr abends mit einem Einspänner vor dem Haus des alten Bankkassierers. Er zerrte einen Sack aus dem Wagen, schulterte ihn, wankte durch den Vorgarten und klopfte an die Tür. Eine Frauenstimme rief: »Herein!«, und er trat ein, setzte seinen Sack im Wohnzimmer hinter dem Ofen ab und wandte sich höflich an die alte Dame, die neben der Lampe saß und im »Missionsboten« las.

»Bitte, behalten Sie Platz, Madam, ich möchte nicht stören. So – jetzt ist er ganz gut versteckt – man sieht kaum, daß er da ist. Kann ich Ihren Gatten einen Augenblick sprechen, Madam?«

Nein, er war nach Brixton gefahren und würde wohl erst am Morgen zurückkommen.

»Na schön, Madam, das macht nichts. Ich wollte nur diesen Sack hier in seiner Obhut lassen, damit er ihn dem rechtmäßigen Besitzer aushändigt, sobald der gefunden ist. Ich bin fremd hier; er kennt mich nicht; ich bin heute nur auf der Durchreise, um etwas zu erledigen, das mir schon lange auf der Seele liegt. Mein Auftrag ist nun erfüllt, und ich gehe, befriedigt und ein bißchen stolz, und Sie werden mich nie wiedersehen. An dem Sack hängt ein Zettel, der alles Weitere erklärt. Gute Nacht, Madam.«

Die alte Dame fürchtete sich vor dem geheimnisvollen hochgewachsenen Fremden und war froh, daß er ging. Aber nun war ihre Neugier erwacht, und sie näherte sich sogleich dem Sack, um den Zettel zu holen. Darauf stand:

»Zu veröffentlichen, oder der richtige Mann ist durch private Nachforschung zu ermitteln – beides führt zum Ziel. Dieser Sack enthält Goldmünzen im Gewicht von einhundertsechzig Pfund vier Unzen ...«

»Himmlischer Vater!, und die Tür ist nicht abgeschlossen!«

Am ganzen Leibe zitternd, stürzte Mrs. Richards zur Tür, verschloß sie, ließ die Rollvorhänge an den Fenstern herab, dann stand sie bestürzt und besorgt da und fragte sich, was sie noch tun könnte, um sich und das Geld wirksamer zu sichern. Sie lauschte eine Weile, ob Einbrecher zu hören wären, aber ihre Neugier übermannte sie, und sie trat an die Lampe zurück, um den Zettel zu Ende zu lesen:

»Ich bin Ausländer und kehre nun für immer in meine Heimat zurück. Ich bin Amerika für alles dankbar, was es mir während meines langen Aufenthaltes unter seiner Flagge schenkte; besonders einem seiner Bürger – einem Bürger Hadleyburgs – danke ich für eine große Gefälligkeit, die er mir vor einem oder zwei Jahren erwiesen hat. Genaugenommen waren es zwei Gefälligkeiten. Ich möchte das erklären. Ich war Spieler. Wohlgemerkt, ich *war* es, und zwar ein ruinierter Spieler. Ich kam bei Nacht hungrig und ohne einen Penny in diese Stadt. Ich bat um Hilfe – im Dunkeln; bei Licht zu betteln, schämte ich mich. Ich bat den Richtigen. Er schenkte mir zwanzig Dollar – in meinen Augen schenkte er mir das Leben. Er schenkte mir sogar ein Vermögen; denn mit Hilfe dieses Geldes bin ich am Spieltisch reich geworden. Außerdem hat mich eine Bemerkung, die er an mich richtete, bis zum heutigen Tage nicht losgelassen und mich schließlich überzeugt; und damit hat er die Überreste meiner Moral gerettet; ich werde nie wieder spielen. Ich habe zwar keine Ahnung, wer dieser Mann war, aber er soll gefunden werden und dieses Geld bekommen, um es fortzuschenken, fortzuwerfen oder zu behalten, ganz wie er will. Es ist nur eine Art, ihm meinen Dank abzustatten. Wenn ich bleiben könnte, würde ich selbst ihn suchen; aber er wird jedenfalls gefunden werden. Dies ist eine ehrliche Stadt, eine unbestechliche Stadt, und ich weiß, daß ich ihr bedenkenlos vertrauen kann. Dieser Mann kann durch die Bemerkung identifiziert werden, die er an mich richtete; ich bin überzeugt, daß er sich noch an sie erinnert.

Mein Plan sieht nun so aus: Wenn Sie die Ermittlung lieber privat durchführen wollen, tun Sie es. Geben Sie den Inhalt dieses Briefes jedem bekannt, der in Frage kommen könnte. Wenn er antwortet: ›Ich bin der Mann; die Bemerkung lautete soundso‹, prüfen Sie nach, indem Sie den Sack öffnen. Sie werden darin einen versiegelten Umschlag finden, in dem der Satz steht. Wenn die von dem Bewerber angegebene Bemerkung mit ihm übereinstimmt, geben Sie ihm das Geld und stellen Sie keine weiteren Fragen, denn er ist bestimmt der Richtige. Doch wenn Sie eine öffentliche Nachforschung vorziehen, lassen Sie diesen Brief in der Lokalzeitung erscheinen – in diesem Falle kämen noch folgende Instruktionen dazu: Der Bewerber soll heute in dreißig Tagen (Freitag) um acht Uhr abends im Rathaus erscheinen und seinen Satz in einem versiegelten Umschlag Ehrwürden Mr. Burgess aushändigen (wenn dieser so freundlich sein will, das Amt zu übernehmen); und Mr. Burgess soll an Ort und Stelle die Siegel des Sackes aufbrechen, ihn öffnen und nachprüfen, ob der Satz stimmt; wenn er stimmt, soll das Geld mit dem Ausdruck meines herzlichen Dankes meinem auf diese Weise erkannten Wohltäter ausgehändigt werden.«

Mrs. Richards setzte sich, vor Aufregung gelinde bebend, und versank in Gedanken – etwa dieser Art: ›Wie seltsam das ist – und welch ein Vermögen für den gutherzigen Mann, der das Almosen gab! Hätte es doch mein Mann getan! – Wir sind doch so arm, so alt und arm!‹ Sie seufzte: ›Aber mein Edward war es nicht; nein, er hat bestimmt keinem Fremden zwanzig Dollar geschenkt. Schade; das sage ich jetzt …‹ Sie erschauerte: ›Aber es ist das Geld eines *Spielers*! Sündenlohn: Wir dürften es gar nicht annehmen; wir dürften es nicht einmal anrühren. Ich mag es nicht so in der Nähe; ich komme mir wie besudelt vor.‹ Sie wechselte auf einen entfernteren Stuhl hinüber. ›Wenn doch bloß Edward käme und es zur Bank schaffte; jeden Augenblick kann ein Einbrecher kommen; es ist schrecklich, hier so ganz allein mit dem Geld zu sein.‹

Um elf Uhr kam Mr. Richards, und während seine Frau sagte: »Ich bin ja so froh, daß du da bist!«, sprach er gleichzeitig: »Bin ich müde! Todmüde! Furchtbar, wenn man arm ist und in meinem Alter noch diese gräßlichen Reisen machen muß Immerzu in der Tretmühle, immerzu, der Lohnsklave eines anderen, und der sitzt, schön gemütlich und wohlhabend, in Pantoffeln zu Hause.«

»Du tust mir so leid, Edward, das weißt du; aber tröste dich: wir haben zu leben, wir haben unseren guten Ruf ...«

»Ja, Mary, und das ist das allerwichtigste. Nimm dir mein Gerede nicht zu Herzen – das ist nur ein flüchtiger Ärger und hat nichts zu sagen. Gib mir einen Kuß – so, jetzt ist alles wieder gut, und ich beklage mich auch nicht mehr. Was ist da inzwischen gekommen? Was ist in dem Sack drin?«

Nun berichtete seine Frau von dem großen Geheimnis. Es verschlug ihm für einen Augenblick die Sprache, dann sagte er:

»Einhundertsechzig Pfund wiegt er? Aber, Mary, das sind ja vierzigtausend Dollar – stell dir das vor – ein Vermögen! Keine zehn Männer im Ort sind so viel wert. Gib mir mal den Brief.«

Er überflog ihn und meinte dann:

»Ist das nicht phantastisch? Das ist ja ein richtiger Roman; wie die unmöglichen Sachen, von denen man in den Büchern liest und die im wirklichen Leben nie vorkommen.« Jetzt war er wirklich aufgeregt, lustig, sogar übermütig. Er tätschelte seiner alten Frau die Wange und sagte scherzend: »Du, wir sind reich, Mary, reich! Wir brauchen bloß das Geld zu vergraben und die Papiere zu verbrennen. Wenn der Spieler sich jemals erkundigen kommen sollte, sehen wir ihn bloß eiskalt an und sagen: ›Was reden Sie da für Unsinn? Wir haben noch nie etwas von Ihnen und Ihrem Sack voll Gold gehört!‹ Und dann würde er schön dumm dastehen und ...«

»Und inzwischen, während du deine Späße machst, liegt das Geld immer noch hier, und die Zeit, wo Einbrecher unterwegs sind, rückt immer näher.«

»Stimmt. Also gut, was sollen wir tun – private Nachforschungen anstellen? Nein, das nicht; es würde den romantischen Zauber der Sache zerstören. Der Weg in die Öffentlichkeit ist besser. Stell dir vor, was das für einen Aufruhr gibt! Und alle anderen Städte werden uns beneiden; denn kein Fremder würde so etwas einer Stadt außer Hadleyburg anvertrauen, und das wissen sie. Es ist ein großartiger Trumpf für uns. Jetzt muß ich aber zur Druckerei laufen, sonst wird es zu spät.«

»Aber warte – warte doch! Laß mich doch nicht mit dem Geld allein, Edward!«

Er war schon fort. Aber nur für kurze Zeit. Nicht weit von seinem Haus stieß er auf den Besitzer und Redakteur der Zeitung, gab ihm das Dokument und sagte: »Hier ist ein Knüller für Sie, Cox – setzen Sie es noch rein!«

»Vielleicht ist es zu spät, Mr. Richards, aber ich will mal sehen.«

Nach Hause zurückgekehrt, setzte er sich zu seiner Frau, um das bezaubernde Geheimnis mit ihr durchzusprechen: Sie hätten ohnehin nicht einschlafen können. Die erste Frage war, welcher ihrer Mitbürger konnte es gewesen sein, wer konnte dem Fremden die zwanzig Dollar geschenkt haben? Die Lösung erschien einfach; beide riefen wie aus einem Munde:

»Barclay Goodson!«

»Ja«, sagte Richards, »der könnte es gewesen sein, und ihm hätte es ähnlich gesehen, aber sonst kommt niemand in der Stadt in Frage.«

»Das wird jeder zugeben, Edward – wenigstens im Stillen. Seit sechs Monaten ist die Stadt wieder ganz die alte – redlich, engherzig, selbstgerecht und geizig.«

»So hat er sie stets genannt, bis zu seinem Tode – sogar in aller Öffentlichkeit.«

»Ja, und darum haßten sie ihn.«

»Freilich; aber das war ihm gleich. Ich glaube, er war der bestgehaßte Mann bei uns, ausgenommen Ehrwürden Burgess.«

»Na ja, Burgess verdient es auch wirklich – er wird hier nie mehr eine Gemeinde finden. Wenn die Stadt auch niederträchtig ist, *ihn* schätzt sie jedenfalls richtig ein. Edward, ist es nicht seltsam, daß der Fremde gerade Burgess beauftragt hat, das Geld zu überreichen?«

»Ja, ja, das stimmt. Das heißt – das heißt ...«

»Warum stotterst du? Würdest *du* ihn denn dazu aussuchen?«

»Mary, vielleicht kennt ihn der Fremde besser als die ganze Stadt.«

»Das kann Burgess auch nicht helfen!«

Der Mann schien um eine Antwort verlegen; die Frau hielt den Blick auf ihn geheftet und wartete ab. Schließlich sprach Richards zögernd, wie jemand, der erwartet, daß seine Feststellung auf Zweifel stößt: »Mary, Burgess ist kein schlechter Mensch.«

Seine Frau war in der Tat überrascht. »Unsinn!«, rief sie.

»Er ist kein schlechter Mensch. Ich weiß es. Seine Unbeliebtheit beruht ausschließlich auf dieser einen Sache – der Sache, die so viel Staub aufgewirbelt hat.«

»Diese ›eine Sache‹, sagst du! Als ob diese ›eine Sache‹ ganz allein nicht genügt hätte.«

»Durchaus, durchaus. Nur war er es nicht gewesen.«

»Wie du redest! Nicht gewesen! Jeder weiß, daß er es gewesen war.«

»Mary, Ehrenwort – er war unschuldig.«

»Ich kann das nicht glauben, und ich glaub's auch nicht. Woher weißt du das?«

»Ich muß dir etwas gestehen. Ich schäme mich, aber ich tue es doch. Ich war der einzige Mensch, der wußte, daß er unschuldig ist. Ich hätte ihn retten können – und – und – na, du weißt ja, wie aufgebracht die Stadt war – ich hatte nicht den

Mut dazu. Es hätte alle gegen mich gekehrt. Ich kam mir gemein, grenzenlos gemein vor; aber ich hab mich nicht getraut; ich hatte nicht den Mut, das auf mich zu nehmen.«

Mary sah ihn bedrückt an und schwieg eine Weile. Dann sagte sie stockend: »Ich – ich glaube nicht, daß es richtig gewesen wäre, wenn du – wenn du … Man kann nicht – hm – öffentliche Meinung – man muß so vorsichtig sein – so …« Es war unsicherer Grund, und sie blieb stecken; aber rasch war sie wieder flott. »Das tut mir ja alles sehr leid, aber … Wir konnten es uns einfach nicht leisten, Edward – wirklich nicht. Oh, du hättest es auf gar keinen Fall tun dürfen.«

»Es hätte uns das Wohlwollen so vieler Leute gekostet, Mary; und dann – und dann …«

»Mich beunruhigt jetzt bloß, was *er* von uns denkt, Edward.«

»Er? Er ahnt gar nicht, daß ich ihn hätte retten können.«

»Ach!« rief die Frau erleichtert aus. »Dann ist es ja gut! Wenn er nicht weiß, daß du ihn hättest retten können, kann er nicht – kann er nicht – na, jetzt sieht es doch gleich viel besser aus. Ich hätte mir ja selbst sagen können, daß er es nicht weiß, weil er immer versucht, mit uns freundlich zu tun, sowenig wir ihn auch dazu ermutigen. Die Leute haben mich schon öfter damit aufgezogen. Die Wilsons, die Wilcoxens, die Harknessens, alle machen sich einen schändlichen Spaß daraus, ›Ihr Freund Burgess‹ zu sagen, weil sie wissen, daß ich mich ärgere. Wenn er bloß nicht so hartnäckig darauf bestehen wollte, uns zu bevorzugen; ich verstehe gar nicht, warum er nicht damit aufhört.«

»Das kann ich dir erklären. Ich muß nämlich noch etwas gestehen. Als die Geschichte noch frisch am Brodeln war und man ihn auf einer Stange aus der Stadt reiten lassen wollte, hatte ich solche Gewissensbisse, daß ich es einfach nicht aushalten konnte, und da bin ich heimlich zu ihm gegangen und habe ihn gewarnt. Er machte sich davon und blieb fort, bis er ungefährdet zurückkommen konnte.«

»Edward! Wenn das in der Stadt bekannt geworden wäre …«

»Hör auf! Ich kriege jetzt noch Angst, wenn ich daran denke. Ich hab es noch im selben Augenblick bereut; ich hab mich sogar gefürchtet, es dir zu erzählen, damit man es dir nicht vom Gesicht ablas. Ich hab in der Nacht damals kein Auge zugetan, so hab ich mich gesorgt. Aber nach ein paar Tagen merkte ich, daß mich niemand verdächtigte, und dann war ich sogar froh, daß ich es getan hatte. Und ich bin auch jetzt noch froh darüber, Mary, von Herzen froh.«

»Jetzt bin ich auch froh darüber, denn sie hätten ihm ja ganz furchtbar zugesetzt. Doch, ich bin froh; denn das warst du ihm ja wirklich schuldig, weißt du. Aber Edward, wenn es eines Tages doch noch herauskommt!«

»Es kommt nicht heraus.«

»Warum nicht?«

»Weil alle denken, es war Goodson.«

»Das glauben sie natürlich!«

»Freilich. Und dem war das natürlich egal. Sie haben den armen alten Sawlsberry überredet, es ihm auf den Kopf zuzusagen, und der ist hingepoltert und hat es getan. Goodson hat ihn von oben bis unten angestarrt, als ob er die Stelle an ihm suchte, die er am meisten verachten könnte, dann hat er gesagt: ›Sie sind also das Untersuchungskomitee, was?‹ Sawlsberry sagte, darauf liefe es ungefähr hinaus. ›Hm. Wollen sie Einzelheiten wissen, oder meinen Sie, eine generelle Antwort reicht?‹ – ›Wenn sie Einzelheiten wissen wollen, komme ich noch mal her, Mr. Goodson; ich werde erst mal die generelle Antwort überbringen‹. – ›Na schön, dann sagen Sie ihnen, sie sollen sich zum Teufel scheren – ich denke, das ist generell genug. Und Ihnen gebe ich einen guten Rat, Sawlsberry: Wenn Sie wiederkommen, um nach Einzelheiten zu fragen, bringen Sie einen Korb mit, damit Sie Ihre Knochen mit nach Hause nehmen können.‹«

»Typisch Goodson; das sieht ihm ähnlich. Nur in einem Punkte war er eitel: Er glaubte, kein Mensch könnte bessere Ratschläge geben als er.«

»Das erledigte den Fall und rettete uns, Mary. Die Angelegenheit fiel unter den Tisch.«

»Gott sei Dank, *daran* ist kein Zweifel.«

Dann wandten sie sich wieder mit brennendem Eifer dem Geheimnis des Geldsackes zu. Bald traten in ihrem Gespräch Unterbrechungen ein, Pausen, die auf Geistesabwesenheit hindeuteten. Die Pausen wurden immer häufiger. Schließlich verlor sich Richards völlig in Grübeleien. Lange saß er da und starrte versunken auf den Fußboden, und nach einer Weile begann er seine Gedanken mit kleinen nervösen Handbewegungen zu untermalen, die eine innere Bedrängnis verrieten. Inzwischen war auch seine Frau in nachdenkliches Schweigen versunken, und ihre Bewegungen ließen auf quälendes Unbehagen schließen. Endlich stand Richards auf, durchschritt ziellos das Zimmer und zerwühlte mit den Händen sein Haar, alles wie ein Schlafwandler mit einem bösen Traum. Dann schien er sich zu einem endgültigen Entschluß durchgerungen zu haben; wortlos setzte er den Hut auf und verließ rasch das Haus. Seine Frau blieb grübelnd und bekümmert sitzen und merkte offenbar gar nicht, daß sie allein war. Hin und wieder flüsterte sie: »Führe uns nicht in Ver... – aber – aber – wir sind so arm, so arm! – Führe uns nicht in ... Ach, wem würde es denn schaden? – Und niemand würde jemals erfahren … Führe uns …« Die Stimme erstarb in Gemurmel.

Kurz darauf blickte sie auf und hauchte halb erschrocken, halb freudig: »Er ist fort! Aber, mein Gott, vielleicht ist es zu spät – zu spät … Vielleicht auch nicht – vielleicht kommt er noch zurecht.« Sie erhob sich und blieb nachdenklich stehen, nervös die Hände ringend. Ein leichter Schauder durchfuhr sie, und sie stammelte mit trockener Kehle: »Gott verzeih mir – es ist furchtbar, so etwas zu denken – aber – Herrgott, wie sind wir beschaffen – wie seltsam sind wir beschaffen!«

Sie schraubte das Licht dunkler, glitt verstohlen zum Sack hinüber, kniete neben ihn nieder, tastete seine gebuckelten Konturen ab und streichelte ihn liebevoll; in ihren armen alten Augen brannte Gier. Sie verfiel immer wieder in Geistesabwesenheit, aus der sie zeitweise halb zu sich kam, um zu murmeln: »Hätten wir doch nur abgewartet! Ach, hätten wir nur ein bißchen abgewartet und es nicht so eilig gehabt!«

Inzwischen war Cox aus seinem Büro nach Hause gegangen und hatte seiner Frau das ganze merkwürdige Vorkommnis erzählt. Sie hatten es angeregt durchgesprochen und kamen zu dem Schluß, der verstorbene Goodson sei der einzige Mann in der Stadt gewesen, der einem notleidenden Fremden mit der stattlichen Summe von zwanzig Dollar geholfen haben konnte. Dann entstand eine Pause, und die zwei wurden nachdenklich und still. Allmählich wurden sie nervös und zappelig. Schließlich sagte die Frau wie zu sich selbst:

»Nur die Richards kennen das Geheimnis – und wir – sonst niemand.«

Der Mann fuhr mit einem leichten Ruck aus seiner Versunkenheit auf und starrte aufmerksam seine Frau an, die sehr bleich geworden war; dann erhob er sich zögernd und blickte verstohlen zu seinem Hut hin, dann auf seine Frau – in stummer Frage. Mrs. Cox schluckte ein paarmal, die Hand an der Kehle, dann nickte sie statt einer Antwort. Im nächsten Moment war sie allein und murmelte weiter vor sich hin.

Und nun rannten Richards und Cox, aus entgegengesetzten Richtungen kommend, durch die menschenleeren Straßen. Keuchend trafen sie an der Treppe zur Redaktion zusammen; im Schein der Nachtlampe versuchte jeder, in des anderen Gesicht zu lesen. Cox flüsterte:

»Niemand weiß davon außer uns?«

Die geflüsterte Antwort war: »Kein Mensch – Ehrenwort, kein Mensch.«

»Wenn es nur nicht zu spät ist ...«

Die Männer eilten die Treppe hinauf; in diesem Augenblick holte sie ein Junge ein, und Cox fragte:

»Bist du's, Johnny?«

»Ja, Sir.«

»Du brauchst die Frühpost nicht aufzugeben – überhaupt keine Post; warte, bis ich dir Bescheid sage.«

»Sie ist schon weg, Sir.«

»*Weg*?« Unaussprechliche Enttäuschung lag in dem einen Wort.

»Ja, Sir. Der Fahrplan für Brixton und alle darunterliegenden Ortschaften hat sich heute geändert – ich mußte die Zeitungen zwanzig Minuten früher als sonst abliefern. Ich hab mich mächtig beeilen müssen; wär ich zwei Minuten später gekommen ...«

Die Männer wandten sich ab und gingen langsam davon, ohne den Rest des Berichtes abzuwarten. Zehn Minuten lang sprach keiner ein Wort; dann sagte Cox gereizt:

»Ich kann einfach nicht begreifen, warum Sie sich so beeilen mußten.«

Die Antwort kam sehr kleinlaut: »Jetzt sehe ich's ja ein, aber wissen Sie, irgendwie habe ich erst zu denken angefangen, als es zu spät war. Aber nächstes Mal ...«

»Nächstes Mal, zum Teufel! Das kommt in tausend Jahren nicht wieder vor!«

Dann trennten sich die Freunde grußlos und schleppten sich nach Hause, als wären sie zu Tode getroffen. Dort sprangen ihre Frauen mit einem gespannten »Na?« vom Stuhl auf, dann lasen sie ihnen die Antwort an den Augen ab und sanken bekümmert zurück, ohne die Worte abzuwarten. In beiden Häusern entspann sich eine hitzige Auseinandersetzung – etwas ganz Neues; es hatte schon zuvor Auseinandersetzungen gegeben, aber nicht so hitzig, nicht so bösartig. Die Auseinandersetzungen in dieser Nacht glichen sich aufs Haar. Mrs. Richards sagte:

»Hättest du doch bloß abgewartet, Edward – hättest du doch bloß innegehalten, um nachzudenken; aber nein, du mußt geradewegs zur Redaktion rennen und es in die Welt hinausposaunen.«

»Es stand doch drin, wir sollten es veröffentlichen.«

»Das besagt gar nichts; es stand ja auch drin, wir sollten uns privat erkundigen, wenn wir wollten. Bitte sehr – stimmt das oder nicht?«

»Na ja, ja doch, es stimmt; aber als ich daran dachte, was das für eine Aufregung geben würde und was das für ein Lob auf Hadleyburg bedeutet, daß ein Fremder ihm so vertraut ...«

»O freilich, das weiß ich alles; aber wenn du doch bloß innegehalten hättest, um nachzudenken, hättest du begriffen, daß du den Richtigen gar nicht finden *könntest*, weil er im Grabe ruht und weder Kind noch Kegel noch Verwandte hinterlassen hat; und wenn das Geld an jemanden fiele, der es bitter nötig hat, und niemand einen Schaden davon hätte, und – und …«

Sie brach weinend zusammen. Ihr Mann suchte nach einem Wort des Trostes und brachte schließlich folgendes heraus: »Aber, Mary, es wird wohl zu unserem Besten sein – *bestimmt* ist es so; wir wissen es doch. Und wir müssen daran denken, daß es so vorherbestimmt war …«

»Vorherbestimmt! Ach, alles ist *vorherbestimmt*, wenn jemand eine Ausrede sucht, weil er eine Dummheit gemacht hat. Genauso war es *vorherbestimmt*, daß uns das Geld auf diesem besonderen Wege zukommen sollte, und ausgerechnet du mußtest es auf dich nehmen, in die Absichten der Vorsehung hineinzupfuschen – und wer gab dir das Recht dazu? Es war sündhaft, damit du's nur weißt – einfach gotteslästerliche Anmaßung, und es stand dir nicht zu, dir als einem demütigen und bescheidenen Bekenner des …«

»Aber, Mary, du weißt doch, wie wir, wie die ganze Stadt, unser ganzes Leben lang erzogen worden sind, daß es uns einfach zur zweiten Natur geworden ist, keinen Moment zu zogern oder zu überlegen, wenn es gilt, etwas Redliches zu tun …«

»Ach, ich weiß ja, ich weiß ja – es war eine ewige Dressur, Dressur und Dressur auf Redlichkeit, eine Redlichkeit, die buchstäblich von der Wiege an vor jeder Versuchung bewahrt worden ist, und deshalb ist es eine *künstliche* Redlichkeit, die so wenig standhält wie Wasser, wenn die Versuchung naht, wie wir ja heute Abend gesehen haben. Gott weiß, daß ich bis jetzt niemals den Schatten eines Zweifels an meiner felsenfesten und unverrückbaren Redlichkeit gehegt habe – und jetzt, vor der allerersten großen, echten Versuchung, habe ich – Edward, ich bin fest davon überzeugt, daß die Redlichkeit der ganzen Stadt so morsch ist wie die meine, so morsch wie die deine.

Es ist eine niederträchtige Stadt, eine harte und geizige Stadt, und sie besitzt keine einzige Tugend außer dieser Redlichkeit, für die sie so berühmt ist und auf die sie sich so viel einbildet; und wahrhaftig, ich glaube, wenn einmal der Tag kommt, da ihre Redlichkeit vor einer übermächtigen Versuchung steht, klappt ihr stolzer Ruf wie ein Kartenhaus zusammen. So, jetzt habe ich alles gebeichtet und fühle mich wohler; ich bin eine Blenderin und bin es mein Leben lang gewesen, ohne es zu wissen. Daß mich bloß nie wieder jemand redlich nennt – ich dulde es nicht.«

»Ich – nun, Mary, ich kann dir das sehr gut nachfühlen, wirklich. Seltsam ist es aber doch, sehr seltsam. Nie hätte ich das geglaubt – nie.«

Es folgte ein langes Schweigen; beide waren in Gedanken versunken.

Schließlich blickte die Frau auf und sagte: »Ich weiß, was du denkst, Edward.«

Richards sah verlegen aus, als hätte man ihn bei etwas ertappt.

»Ich schäme mich, es zu gestehen, Mary, aber …«

»Es macht nichts, Edward. Ich habe mich gerade daßelbe gefragt.«

»Hoffentlich. Sag du es.«

»Du hast gedacht, wenn man doch bloß erraten könnte, *wie die Bemerkung lautete*, die Goodson an den Fremden gerichtet hat.«

»Stimmt genau. Ich fühle mich schuldig und schäme mich. Und du?«

»Ich bin darüber hinaus. Wir wollen uns hier ein Lager aufschlagen; wir müssen Wache halten, bis die Bank morgen früh öffnet und den Sack übernimmt … Mein Gott, mein Gott – hätten wir doch nicht diesen Fehler gemacht!«

Sie schlugen das Lager auf, und Mary sagte: »Das ›Sesam öffne dich‹ – was kann es bloß gewesen sein? Ich überlege immerzu, wie der Satz gelautet haben kann. Aber komm, gehen wir zu Bett.«

»Schlafen?«

»Nein, nachdenken.«

»Ja, nachdenken.«

Inzwischen hatten die Coxens ebenfalls ihren Streit und ihre Versöhnung überstanden und gingen zu Bett – um zu grübeln, zu grübeln, sich hin und her zu wälzen, sich den Kopf zu zermartern und zu zerquälen, wie denn bloß der Satz gelautet haben mochte, den Goodson an den hilflosen Gestrandeten gerichtet hatte; die goldene Bemerkung; die Bemerkung, die vierzigtausend Dollar in bar wert war.

Der Grund dafür, daß das Telegraphenamt der Stadt in jener Nacht länger als gewöhnlich geöffnet blieb, war folgender: Der Redakteur der Coxschen Zeitung war der örtliche Korrespondent von Associated Press. Man könnte auch sagen, ihr ehrenamtlicher Korrespondent, denn es kam keine viermal im Jahre vor, daß er dreißig Worte unterbringen konnte. Aber diesmal war es anders. Das Telegramm, in dem er von seinem Fang berichtete, wurde sofort beantwortet:

»Schickt das Ganze – alle Einzelheiten – zwölfhundert Worte.«

Ein kolossaler Auftrag! Der Redakteur führte ihn prompt aus, und er war der stolzeste Mann im Staat. Am nächsten Morgen zur Frühstückszeit war der Name Hadleyburgs, der Unbestechlichen Stadt, in ganz Amerika in aller Munde, von Montreal bis zum Golf, von Alaskas Gletschern bis zu Floridas Orangenhainen. Und Millionen und Abermillionen unterhielten sich angeregt über den Fremden und seinen Geldsack und fragten sich, ob man den Richtigen finden würde, und hofften, bald – unverzüglich – noch mehr Nachrichten über diese Angelegenheit zu erhalten.

2

Die Stadt Hadleyburg erwachte und war weltberühmt – verblüfft – glücklich – eitel. Unvorstellbar eitel. Ihre neunzehn Honoratioren und ihre Gattinnen schritten umher, schüttelten einander die Hände, strahlten, lächelten, beglückwünschten sich und sagten, *dies* füge dem Wörterbuch ein neues Wort hinzu – *Hadleyburg*, Synonym für »unbestechlich« –, bestimmt, für immer darin weiterzuleben. Und die geringeren und unbedeutenderen Bürger und ihre Frauen gingen umher und benahmen sich fast genauso. Jedermann rannte zur Bank, um den Goldsack zu besichtigen, und noch vor Mittag begannen aus Brixton und allen Nachbarstädten bekümmert dreinblickende, neidische Menschenmassen herbeizuströmen; am Nachmittag und am nächsten Tag trafen von überallher Reporter ein, um der Sache mit dem Sack und seiner Geschichte auf den Grund zu gehen und den ganzen Fall neu darzustellen; mit flotten, freihändigen Zeichnungen hielten sie den Sack und Richards' Haus fest, außerdem die Bank, die presbyterianische Kirche, die Baptistenkirche, den Marktplatz und das Rathaus, wo die Probe aufs Exempel vollzogen und das Gold ausgehändigt werden sollte; auch fertigten sie gräuliche Porträtzeichnungen an: von Richards, vom Bankier Pinkerton, von Cox, vom Redakteur, von Ehrwürden Burgess und vom Postmeister – ja, sogar von Jack Halliday, dem verbummelten, gutmütigen, nichtsnutzigen, respektlosen Angler und Jäger, dem Freund aller kleinen Jungen und herumstreunenden Hunde, dem typischen »Sam Lawson«

des Städtchens. Der kleine, filzige, ölige grinsende Pinkerton zeigte allen Besuchern den Sack, rieb sich heiter die weichen Hände und verbreitete sich über den altbekannten guten Ruf der Stadt als Muster der Redlichkeit und über die wunderbare Bestätigung, die der Ruf nun erfahren habe. Und er brachte Hoffnung und Glauben zum Ausdruck, dies Beispiel werde weit und breit in der amerikanischen Welt Schule machen und eine neue Epoche sittlicher Vervollkommnung einleiten. Und so weiter und so fort.

Nach einer Woche hatte sich alles wieder beruhigt; der wilde Überschwang von Stolz und Freude war einer sanften, süßen, stillen Verzückung gewichen – einer Art tiefer, namenloser, unaussprechlicher Befriedigung. Alle Gesichter trugen den Ausdruck friedvoller, seliger Freude.

Dann trat eine Änderung ein. Sie trat langsam ein, so langsam, daß man sie anfangs kaum bemerkte; vielleicht bemerkte sie auch gar niemand außer Jack Halliday, der immer alles bemerkte und sich immer darüber lustig machte, ganz egal, was es war. Er ließ zunächst einige spitze Bemerkungen über Leute fallen, die nicht mehr ganz so glücklich aussähen wie vor ein paar Tagen; dann behauptete er, der neue Ausdruck vertiefe sich zu ausgesprochenem Gram; dann, es werde nun allmählich ein krankhaftes Aussehen; und schließlich sagte er, alle seien so trübsinnig, nachdenklich und geistesabwesend geworden, daß er dem geizigsten Manne der Stadt einen Cent aus den Tiefen seiner Hosentasche stehlen könnte, ohne ihn in seinen Träumereien zu stören.

Etwa in diesem Stadium stieß das Oberhaupt jeder der neunzehn bedeutendsten Familien beim Schlafengehen ungefähr den gleichen Satz aus – gewöhnlich mit einem Seufzer: »Ach, was kann Goodson bloß für eine Bemerkung gemacht haben?«

Und prompt kam es schaudernd von seiner Frau zurück: »Oh, still! Was für ein entsetzlicher Gedanke geht dir durch den Kopf? Schlag ihn dir um Himmels willen aus dem Sinn!«
Aber auch am nächsten Abend entfuhr den Männern dieselbe Frage – und wurde genauso zurückgewiesen. Aber kraftloser. Und in der dritten Nacht stellten die Männer die Frage wiederum – gequält und geistesabwesend. Diesmal – und auch in der nächsten Nacht – gaben die Frauen schwache Zeichen innerer Bewegung zu erkennen und versuchten, etwas zu sagen. Taten es aber nicht.
Und in der nächsten Nacht fanden sie die Sprache wieder und erwiderten sehnsüchtig: »Ach, könnten wir es doch bloß erraten!«
Hallidays Bemerkungen wurden von Tag zu Tag sprühender, unangenehmer und abfälliger. Er tauchte unentwegt irgendwo auf und machte sich über die Stadt lustig, im einzelnen und im allgemeinen. Aber sein Gelächter war das einzige, was noch in der Stadt erschallte: Es fiel in eine hohle, trübsinnige Leere und Stille. Nirgends war auch nur ein Lächeln zu beobachten. Halliday trug eine Zigarrenkiste auf einem Stativ mit sich herum, tat so, als wäre sie ein Fotoapparat, hielt alle Vorübergehenden an, stellte das Ding auf sie ein und rief: »Fertig – nun bitte recht freundlich!«, aber nicht einmal dieser umwerfende Spaß vermochte die Düsterheit in den Gesichtern für einen Moment zu verscheuchen.
So vergingen drei Wochen – eine Woche blieb noch. Es war Samstag nach dem Abendbrot. Hatte früher an Samstagabenden ein Getriebe und Geschiebe der kauf- und lachlustigen Menge geherrscht, so waren die Straßen jetzt leer und verödet. Richards und seine alte Frau saßen jeder für sich in ihrem kleinen Wohnzimmer, beide bedrückt und in Gedanken verloren.

Das war nun ihre abendliche Gewohnheit geworden. Ihre bis dahin ein Leben lang geübte Sitte, zu lesen, zu stricken und stillvergnügt zu schwatzen oder mit den Nachbarn Besuche auszutauschen, war tot, vorbei und vergessen, seit undenklichen Zeiten – zwei oder drei Wochen; niemand schwatzte jetzt, niemand las, niemand machte Besuche – die ganze Stadt saß zu Hause, seufzend, grübelnd, schweigend. Sie versuchte, die Bemerkung zu erraten.

Der Postbote brachte einen Brief. Richards musterte interesselos die Aufschrift und den Poststempel – beide unbekannt –, warf den Brief auf den Tisch und nahm sein Wenn und Aber, seine hoffnungslosen, trüben, kummervollen Betrachtungen da wieder auf, wo er sie unterbrochen hatte. Zwei oder drei Stunden später erhob sich seine Frau schwerfällig und war im Begriff, ohne Gutenachtgruß schlafen zu gehen – das war jetzt üblich –, blieb aber vor dem Brief stehen und betrachtete ihn eine Weile mit stumpfem Interesse, öffnete ihn dann und begann ihn zu überfliegen. Richards, der, den Stuhl zurückgekippt und das Kinn zwischen den Knien, an der Wand lehnte, hörte einen Fall. Es war seine Frau. Er stürzte zu ihr, aber sie rief:

»Laß mich, ich bin zu glücklich! Lies den Brief – so lies doch!«

Er las ihn. Er verschlang ihn mit schwindelndem Kopf. Der Brief kam aus einem fernen Staat und lautete:

Sie kennen mich nicht, aber das ist unwichtig: Ich habe Ihnen etwas mitzuteilen. Ich bin gerade aus Mexiko zurückgekommen und habe von diesem Vorfall gehört. Natürlich wissen Sie nicht, wer die bewußte Bemerkung gemacht hat, aber ich weiß es, und ich bin der einzige lebende Mensch, der es weiß. Es war GOODSON. Ich war vor vielen Jahren gut mit ihm bekannt. In ebenjener Nacht kam ich durch Ihren Ort und war sein

Gast, bis der Mitternachtszug einlief. Ich hörte zufällig, wie er im Dunkeln jenen Satz an den Fremden richtete – es war in der Hale Alley. Wir sprachen auf dem Heimweg darüber und auch noch beim Rauchen bei ihm zu Hause. Im Verlaufe dieser Unterhaltung erwähnte er viele Einwohner Ihrer Stadt – die meisten in sehr wenig schmeichelhafter Weise, aber zwei oder drei wohlwollend, darunter auch Sie. Ich sage »wohlwollend«, nicht mehr. Ich erinnere mich, daß er sagte, er habe keinen Menschen in der Stadt ausgesprochen *gern* – keinen einzigen; aber Sie – ich *glaube*, er nannte Sie – bin fast sicher – hätten ihm einmal einen sehr großen Dienst erwiesen, möglicherweise ohne seinen vollen Wert ganz zu ermessen, und er wünschte, er hätte ein Vermögen, das er Ihnen vermachen könnte; jedem einzelnen der übrigen Einwohner aber wollte er einen Fluch hinterlassen. Wenn Sie es also waren, der ihm den Dienst geleistet hat, dann sind Sie sein gesetzlicher Erbe und haben Anspruch auf den Sack voll Gold. Ich weiß, daß ich Ihrer Ehre und Ihrer Redlichkeit vertrauen kann, denn einem Bürger Hadleyburgs eignen diese Tugenden als unverbrüchliches Erbe, und deshalb will ich Ihnen nun den Satz mitteilen, in der festen Überzeugung, daß Sie, wenn Sie nicht der Richtige sind, den Richtigen suchen und finden und dafür sorgen werden, daß die Dankesschuld des armen Goodson für den erwähnten Dienst erstattet wird. Die Bemerkung lautet: »DU BIST NOCH KEIN SCHLECHTER MENSCH; GEHE HIN UND BESSERE DICH!«

Howard L. Stephenson

»Oh, Edward, das Geld gehört uns, und ich bin ja so dankbar, ach, so dankbar – küß mich, Liebster, es ist ewig her, seit wir uns geküßt haben – und wir hatten es so nötig – das Geld –

und jetzt bist du Pinkerton und seine Bank los und bist keines Menschen Sklave mehr. Ich könnte vor Freude fliegen.«
Unter Zärtlichkeiten verbrachte das Paar dort auf dem Sofa eine glückliche halbe Stunde; es war wie in den alten Zeiten – die mit der Liebeswerbung begonnen und ohne Unterbrechung gedauert hatten, bis der Fremde das verhängnisvolle Geld brachte.
Nach einiger Zeit sagte die Frau: »Ach, Edward, welches Glück, daß du ihm diesen großen Dienst geleistet hast, dem armen Goodson! Ich hab ihn ja nie leiden können, aber jetzt liebe ich ihn. Und es war edel und schön von dir, daß du es nie erwähnt oder damit renommiert hast.« Dann, mit leisem Vorwurf: »Aber *mir* hättest du es sagen sollen, Edward, deiner Frau hättest du es sagen sollen, weißt du.«
»Na, ich – hm – na, Mary, siehst du …«
»Nun hör schon auf zu stottern und erzähl mir alles, Edward. Ich habe dich immer geliebt, und jetzt bin ich stolz auf dich. Alle glauben, daß es nur eine gute, großmütige Seele in dieser Stadt gegeben hat, und jetzt stellt sich heraus, daß du … – Edward, warum sagst du es mir nicht?«
»Na – hm, hm … Ja, Mary, ich kann nicht!«
»Du *kannst nicht*? Warum nicht?«
»Weißt du, er … na, er … Ich hab ihm versprechen müssen, es nicht zu sagen.«
Die Frau betrachtete ihn von oben bis unten und sprach sehr langsam: »Hast – ihm – versprechen – müssen? Edward, warum erzählst du mir das?«
»Mary, glaubst du, ich würde lügen?«
Einen Augenblick lang war sie verwirrt und schwieg, dann legte sie ihre Hand in die seine und sagte: »Nein, nein. Wir sind weit genug von unseren Grundsätzen abgewichen – das

erspare uns Gott! Du hast dein Lebtag nicht gelogen. Aber jetzt – jetzt scheint uns der Boden unter den Füßen wegzubröckeln, und wir – wir …« Die Stimme versagte ihr einen Augenblick den Dienst, dann sprach sie stockend: »Führe uns nicht in Versuchung … Ich denke, du hast das Versprechen abgegeben, Edward. Lassen wir es dabei. Wir wollen das auf sich beruhen lassen. Nun – das ist alles vorbei; laß uns wieder glücklich sein; es ist nicht die Zeit für Kummer und Sorgen.«
Edward fand es einigermaßen schwierig, ihrem Wunsch zu entsprechen, denn sein Geist schweifte immer wieder ab – er versuchte, sich zu besinnen, was das für ein Dienst war, den er Goodson erwiesen hatte.
Das Ehepaar lag fast die ganze Nacht wach, Mary glücklich und beschäftigt, Edward ebenfalls beschäftigt, aber nicht so glücklich. Mary schmiedete Pläne, was sie mit dem Geld anfangen würde. Edward versuchte, sich auf den Dienst zu besinnen. Zuerst drückte ihn das Gewissen, weil er Mary angelogen hatte – wenn es eine Lüge gewesen war. Nach langem Grübeln: Angenommen, es war wirklich eine Lüge? Na und? War das denn so schlimm? Handeln wir denn nicht ständig lügenhaft? Warum eine Lüge dann nicht auch aussprechen? Seht doch Mary an – seht, was sie getan hat. Während er forteilte, um in aller Redlichkeit seinen Auftrag zu erfüllen, was tat sie da? Jammerte, weil sie nicht den Zettel vernichtet und das Geld behalten hatten! Ist denn Diebstahl besser als Lüge?
Diese Sache hatte ihren Stachel verloren – die Lüge glitt in den Hintergrund und gab einem inneren Wohlbehagen Raum. Die nächste Frage drängte sich in den Vordergrund: Hatte er denn Goodson einen Dienst erwiesen? Nun, hier lag Goodsons eigene Aussage vor, wie sie sich aus Stephensons Brief ergab; ein besseres Zeugnis konnte es nicht geben – es war

sogar ein *Beweis*, daß er ihm einen erwiesen hatte. Natürlich. Also war auch dieser Punkt erledigt – nein, nicht ganz. Zusammenzuckend erinnerte er sich, daß dieser unbekannte Mr. Stephenson ein klein wenig unsicher war, ob es Richards oder ein anderer gewesen war – und, mein Gott, er hatte an Richards' Ehre appelliert! Er sollte selbst entscheiden, wem das Geld zukam – und Mr. Stephenson zweifelte nicht daran, daß Richards, falls er der Falsche wäre, ehrlich hingehen und den Richtigen suchen würde. Ach, es war niederträchtig, einen Menschen in eine solche Lage zu bringen – ach, warum hatte Stephenson diesen Zweifel nicht einfach weggelassen! Wozu hatte er ihn da hineingebracht?

Er grübelte weiter. Wie kam es, daß in Verbindung mit der Vorstellung, er sei der richtige Mann, gerade Richards' Name in Stephensons Gedächtnis haftengeblieben war und nicht der Name irgendeines anderen? Das sah gut aus. Ja, das sah sehr gut aus. Tatsächlich sah es immer besser aus, immer besser – bis es sich mit der Zeit zu einem regelrechten *Beweis* auswuchs. Und dann schob Richards die Sache sogleich beiseite, denn ein geheimer Instinkt sagte ihm, daß man einen einmal erbrachten Beweis am besten ganz in Ruhe läßt.

Er fühlte sich jetzt ziemlich beruhigt, aber noch etwas anderes drängte sich immer wieder in sein Bewußtsein. Natürlich hatte er jenen Dienst geleistet – das stand fest; aber was war das für ein Dienst? Er mußte sich daran erinnern – er würde keinen Schlaf finden, bevor es ihm eingefallen war; erst dann wäre sein Seelenfrieden vollkommen. Und so grübelte er und grübelte. Er dachte an ein Dutzend Dienste – praktisch mögliche, ja sogar nur wahrscheinliche –, aber keiner schien angemessen, keiner groß genug, keiner schien das Geld wert zu sein – das Vermögen wert zu sein, das Goodson ihm so gern in seinem Testament hinterlassen hätte. Und außerdem konnte er sich sowieso nicht erinnern, diese Dienste geleistet zu haben. Nun also – also – worin konnte denn ein Dienst bestehen, der einen Menschen so überschwänglich dankbar machte? Aha – die Rettung seiner Seele! Das mußte es sein. Ja, jetzt fiel es ihm ein, daß er sich einmal die Aufgabe gestellt hatte, Goodson zu bekehren, und sich damit abgeplagt hatte, mindestens – drei Monate lang, wollte er sagen; aber bei näherer Betrachtung schrumpften sie zu einem Monat zusammen, dann zu einer Woche, dann zu einem Tag, dann zu gar nichts. Ja, jetzt erinnerte er sich, und zwar mit unangenehmer Deutlichkeit, daß Goodson ihm bedeutet hatte, sich zum Teufel zu scheren und sich um seine eigenen Angelegenheiten zu kümmern – er sei keineswegs scharf darauf, den Hadleyburgern in den Himmel zu folgen!

Also das war keine Lösung – er hatte Goodsons Seele nicht gerettet. Richards war entmutigt. Nach einer kleinen Weile kam ein neuer Einfall: Hatte er Goodsons Vermögen gerettet? Nein, das war nicht möglich – er hatte gar keines. Sein Leben? Richtig! Natürlich. Das hätte ihm auch früher einfallen können. Diesmal war er auf der richtigen Spur, bestimmt. Die Mühle seiner Phantasie begann sogleich mit aller Macht zu mahlen. Nun mühte er sich zwei Stunden lang bis zur Erschöpfung damit ab, Goodson das Leben zu retten. Er rettete es auf alle möglichen schwierigen und gefährlichen Weisen. Jedes Mal rettete er es bis zu einem gewißen Punkt recht befriedigend; aber immer, wenn er allmählich die Überzeugung gewann, es hätte sich wirklich so abgespielt, tauchte ein störender Umstand auf, der die ganze Sache unmöglich machte. Zum Beispiel im Fall des Ertrinkens. In diesem Fall war er hinausgeschwommen und hatte den bewußtlosen Goodson angesichts einer riesigen jubelnden Menge ans Ufer gezerrt, aber als er sich alles zurechtgelegt hatte und gerade anfing, sich genau daran zu erinnern, drängte sich ein ganzer Schwarm störender Einzelheiten in den Vordergrund: Die Stadt hätte von dem Vorfall gewußt, Mary hätte davon gewußt, in seiner eigenen Erinnerung würde das Ereignis in greller Beleuchtung erstrahlen, statt ein unauffälliger Dienst zu sein, den er geleistet hatte, »möglicherweise ohne seinen vollen Wert ganz zu ermessen«. Und an dieser Stelle fiel ihm ein, daß er ja ohnehin nicht schwimmen konnte.

Aha – *das* war ein Punkt, den er von Anfang an übersehen hatte: Es mußte ein Dienst sein, den er geleistet hatte, »möglicherweise ohne seinen vollen Wert ganz zu ermessen«. Na, das dürfte allerdings eine leichte Suche sein – viel leichter als in der anderen Richtung. Und tatsächlich, mit der Zeit fand er es heraus. Goodson war vor vielen Jahren nahe daran gewesen, Nancy Hewitt, ein sehr liebes und hübsches Mädchen, zu heiraten, aber irgendwie war die Sache schiefgegangen; das Mädchen starb, Goodson blieb Junggeselle, wurde mit der Zeit gallig und schließlich ein ausgesprochener Menschenverächter. Bald nach dem Tode des Mädchens entdeckte die Stadt, oder glaubte sie entdeckt zu haben, daß sie ein bißchen Negerblut in den Adern gehabt hatte. Richards knetete eine ganze Weile an diesen Umständen herum, und schließlich glaubte er sich diesbezüglich an Einzelheiten zu erinnern, die wohl nur deshalb in Seitenwinkel seines Gedächtnisses verschwunden waren, weil er sie so lange nicht beachtete. Er glaubte sich dunkel zu erinnern, daß *er* das mit dem Negerblut entdeckt hätte; daß er es der Stadt weitergesagt hätte; daß die Stadt Goodson erzählt hätte, woher man es wußte; daß er dadurch Goodson davor bewahrt hätte, das Mädchen mit dem Makel zu heiraten;

daß er ihm diesen großen Dienst erwiesen hätte, »ohne seinen vollen Wert ganz zu ermessen«, tatsächlich ohne überhaupt zu wissen, daß er ihm einen Dienst erwiesen hatte, daß aber Goodson den Wert dieses Dienstes zu schätzen wußte und erkannte, wie knapp er dem Unheil entronnen war, und deshalb seinem Wohltäter bis zuletzt dankbar war und wünschte, er hätte ein Vermögen, um es ihm vermachen zu können.

Jetzt war alles klar und einfach, und je länger er darüber nachdachte, desto einleuchtender und gewißer wurde es; und als er sich endlich froh und glücklich zum Schlafen zurechtkuschelte, erinnerte er sich an die ganze Geschichte so deutlich, als wäre sie gestern erst vorgefallen. Er entsann sich sogar undeutlich, daß Goodson ihm einmal seine Dankbarkeit ausgesprochen hatte. Mary hatte inzwischen sechstausend Dollar für ein neues Haus ausgegeben und ein Paar Pantoffeln für ihren Pastor gekauft und war dann friedlich eingeschlummert.

Am selben Samstagabend hatte der Postbote jedem der Honoratioren einen Brief gebracht – insgesamt neunzehn Briefe. Keine zwei Umschläge glichen einander, keine zwei Adressen wiesen die gleiche Schrift auf, aber der Inhalt der Briefe war bis auf eine Kleinigkeit derselbe. Es waren haargenaue Duplikate des Briefes, den Richards bekommen hatte – in der Handschrift und allem anderen –, und alle trugen Stephensons Unterschrift, aber statt Richards' Namen erschien der Name des jeweiligen Empfängers.

Die ganze Nacht über taten achtzehn Honoratioren, was zur gleichen Zeit ihr Standesgenosse Richards tat – sie bemühten sich mit aller Kraft, sich zu erinnern, was das für ein bemerkenswerter Dienst gewesen war, den sie Barclay Goodson erwiesen hatten, ohne es zu wissen. In keinem Falle war es leichte Arbeit, aber sie schafften es alle.

Und während sie mit dieser schwierigen Aufgabe beschäftigt waren, widmeten sich ihre Frauen die ganze Nacht über der leichten Aufgabe, das Geld auszugeben. Im Laufe dieser einen Nacht gab jede der neunzehn Frauen von den vierzigtausend Dollar im Sack durchschnittlich siebentausend Dollar aus – insgesamt einhundertdreiunddreißigtausend.
Am nächsten Tag erlebte Jack Halliday eine Überraschung. Er stellte fest, daß die Gesichter der neunzehn Honoratioren und ihrer Frauen wieder den Ausdruck friedvollen, frommen Glücks trugen. Er konnte das nicht begreifen, auch gelang es ihm durch keine noch so gut gedrechselte Stichelei, diesen Ausdruck zu beeinträchtigen oder zu zerstören. Und so war er es nun, der mit dem Schicksal haderte. Seine Vermutungen über die Ursache dieser Glückseligkeit trafen bei näherer Prüfung in keinem Falle zu. Als er Mrs. Wilcox begegnete und die verklärte Seligkeit auf ihrem Gesicht gewahrte, sagte er sich: ›Ihre Katze hat Junge bekommen‹, und erkundigte sich bei der Köchin; es stimmte nicht; die Köchin hatte die Glückseligkeit auch bemerkt, kannte aber den Grund nicht. Als Halliday die gleiche Verklärtheit im Gesicht Fischbauch-Billsons (ortsüblicher Spitzname) wiederfand, war er überzeugt, daß einer von Billsons Nachbarn sich ein Bein gebrochen hatte, aber seine Erkundigungen ergaben, daß das nicht der Fall war. Die mühsam verhohlene Seligkeit in Gregory Yates' Gesicht konnte nur eins bedeuten – er war seine Schwiegermutter losgeworden: wieder ein Irrtum. ›Und Pinkerton – Pinkerton – der hat zehn Cent eingetrieben, die er schon abgeschrieben hatte.‹ Und so weiter und so fort. In manchen Fällen blieben seine Vermutungen offen, in anderen stellten sie sich eindeutig als Irrtümer heraus. Schließlich sagte sich Halliday: ›Jedenfalls läuft's darauf hinaus, daß neunzehn Hadleyburger Fa-

milien vorübergehend im siebenten Himmel schweben; ich weiß nicht, wie das zugeht; ich weiß nur, daß die Vorsehung heute dienstfrei hat.‹

Ein Architekt und Baumeister aus dem Nachbarstaat hatte es kürzlich riskiert, in diesem wenig einladenden Ort ein kleines Büro zu eröffnen, und sein Schild hing bereits seit einer Woche an der Tür. Noch kein Kunde; er war niedergeschlagen und bedauerte schon, hergekommen zu sein. Aber der Wind schlug nun plötzlich für ihn um. Erst die eine, dann die andere Honoratiorengattin sagte ihm unter vier Augen: »Kommen Sie Montag in acht Tagen zu uns – aber sprechen Sie vorläufig nicht darüber. Wir denken ans Bauen.«

An dem Tag erhielt er elf Einladungen. Noch am selben Abend schrieb er an seine Tochter und veranlaßte sie, ihren Studenten laufenzulassen. Er meinte, sie könne eine sehr viel bessere Partie machen.

Der Bankier Pinkerton und zwei oder drei weitere wohlhabende Männer hatten Landsitze im Auge – aber sie warteten ab. Solche Leute zählen ihre Küken erst, wenn sie ausgeschlüpft sind.

Wilsons planten etwas ganz Neues, Großartiges – einen Kostümball. Sie legten sich noch nicht fest, erzählten aber ihrer ganzen Bekanntschaft im Vertrauen, sie ließen sich die Sache durch den Kopf gehen und seien der Ansicht, sie sollten einen geben – »und wenn wir das tun, werden Sie natürlich eingeladen«. Die Leute waren überrascht und sagten zueinander: »Na, die sind wohl verrückt geworden, diese armen Wilsons, die können sich das doch gar nicht leisten.« Einige der neunzehn Damen raunten ihren Männern zu: »Das ist eine gute Idee – wir halten den Mund, bis ihr billiger Rummel vorbei ist, dann geben wir ein Kostümfest, das ihres in den Schatten stellt.«

Die Tage verstrichen, und die Voranschläge der ins Auge gefaßten Ausgaben wurden immer umfangreicher, immer maßloser, immer verrückter, immer törichter und leichtsinniger. Es sah bald so aus, als wollte jeder der neunzehn seine vierzigtausend Dollar nicht nur schon vor der Aushändigung ausgeben, sondern als würden sie bis dahin sogar verschuldet sein. In einigen Fällen begnügten sich unvorsichtige Leute nicht damit, die Ausgaben nur zu planen, sie gaben tatsächlich aus – auf Kredit. Sie kauften Land, Hypotheken, Farmen, Aktien auf Spekulation, feine Kleider, Pferde und noch manches andere, leisteten eine Anzahlung und gaben für den Rest eine Zahlungsverpflichtung – mit zehn Tagen Frist. Nun aber kam die Ernüchterung, und Halliday bemerkte, daß sich allmählich auf einer ganzen Anzahl von Gesichtern entsetzliche Angst abzeichnete. Wieder war er verblüfft und wußte nicht, was er davon halten sollte. »Wilcoxens Kätzchen sind nicht tot, denn sie waren gar nicht erst geboren. Niemand hat sich ein Bein gebrochen; es ist kein Abgang an Schwiegermüttern zu verzeichnen; *nichts* ist geschehen – es ist ein unlösbares Rätsel.« Noch ein Mann war verblüfft – Ehrwürden Burgess. Tagelang schienen ihm Leute zu folgen, wohin er sich auch wandte, oder nach ihm Ausschau zu halten; und sobald er sich an einer einsamen Stelle befand, erschien sicher einer der neunzehn, drückte ihm heimlich einen Briefumschlag in die Hand, flüsterte: »Freitagabend im Rathaus zu öffnen«, und verschwand wie ein Missetäter. Er erwartete wohl, daß sich ein Anwärter auf den Sack fände – das war freilich zu bezweifeln, da Goodson ja tot war –, aber er kam nicht einmal im Traum darauf, daß all diese Leute Anwärter sein könnten. Als endlich der große Freitag kam, stellte er fest, daß er neunzehn Umschläge besaß.

3

Der Rathaussaal sah so schön aus wie nie zuvor. Der Hintergrund der Tribüne an der einen Schmalseite war malerisch mit Fahnen drapiert. An den Wänden zogen sich in Abständen Wimpelketten entlang. Fahnen verkleideten die Balkonbrüstungen; Fahnen verhüllten die Stützpfeiler, und alles, um Eindruck auf die Fremden zu machen, mit deren zahlreichem Erscheinen – unter großer Beteiligung der Presse – man rechnen mußte. Das Haus war voll. Die vierhundertzwölf eingebauten Sitze waren besetzt; ebenso die achtundsechzig Extrasitze, die man noch in die Gänge gezwängt hatte; auch die Stufen zur Tribüne waren mit Leuten vollgepackt; ein paar prominente Fremde wurden auf der Tribüne untergebracht; an den hufeisenförmig vor und seitlich der Tribüne aufgestellten Tischen saß ein starkes Aufgebot von Sonderkorrespondenten aus dem ganzen Lande. Den Saal füllte das bestgekleidete Publikum, das die Stadt jemals auf die Beine gebracht hatte. Man sah ein paar ziemlich teure Toiletten, und einige der Damen, die sie trugen, machten den Eindruck, als fühlten sie sich in so feinen Kleidern nicht ganz wohl. Jedenfalls fand das die Stadt, aber das kam vielleicht daher, weil alle wußten, daß die Damen noch nie in solchen Kleidern gesteckt hatten.

Der Goldsack stand auf einem kleinen Tisch vorn auf der Tribüne, wo ihn das ganze Haus sehen konnte. Die Mehrzahl des Publikums starrte ihn mit glühender Anteilnahme an, mit begieriger Anteilnahme, mit sehnsüchtiger, ergriffener Anteilnahme; eine Minderheit von neunzehn Ehepaaren starrte zärtlich, liebevoll, besitzerstolz darauf, und die männliche Hälfte dieser Minderheit ging im Geiste immer noch einmal die rührenden kleinen Stegreifreden durch, mit denen sie sich bald für den Beifall und die Glückwünsche des Publikums bedanken wollten. Immer wieder einmal zog einer einen Zettel aus der Westentasche und schaute verstohlen hinein, um sein Gedächtnis aufzufrischen.

Natürlich summten die Stimmen durcheinander – wie es üblich ist; aber als endlich Ehrwürden Burgess aufstand und die Hand auf den Sack legte, konnte er die Mikroben knabbern hören, so still war es. Er erzählte die merkwürdige Geschichte des Sackes und fand dann warme Worte für Hadleyburgs alten und wohlverdienten Ruf als makellos redliche Stadt und für den berechtigten Stolz ihrer Bürger auf diesen Ruf. Er sagte, dieser Ruf sei ein Gut von unschätzbarem Wert; der Vorsehung habe es gefallen, seinen Wert nun ins Unermessliche zu steigern, denn der jüngste Vorfall habe Hadleyburgs Ruhm weit und breit verkündet und so den Blick ganz Amerikas auf die Stadt gerichtet *und* ihren Namen für alle Zeiten, wie er hoffe und glaube, zum Synonym für Unbestechlichkeit im Geschäftsleben gemacht. (Beifall.) »Und wer soll der Hüter dieses herrlichen Schatzes sein – das Gemeinwesen als Ganzes? Nein! Die Verantwortung liegt bei jedem einzelnen, nicht bei der Gemeinschaft. Vom heutigen Tage an ist jeder einzelne von euch in seiner Person Hüter des Schatzes und persönlich verantwortlich dafür, daß ihm nichts zustößt. Wollt ihr – will jeder einzelne von euch diese großartige Verantwortung auf sich nehmen?« (Stürmische Zustimmung.) »Dann ist es gut. Gebt sie an eure Kinder und Kindeskinder weiter. Heute ist eure Makellosigkeit unantastbar – sorgt dafür, daß es so bleibt. Heute gibt es keinen Menschen in eurer Stadt, den man verlocken könnte, einen Penny anzurühren, der ihm nicht gehört – sorgt dafür, daß ihr in diesem Gnadenstand verharrt!« (»Das wollen wir! Das wollen wir!«) »Dies ist nicht der Ort, Vergleiche zwischen uns und anderen Städten anzustellen – von denen uns manche nicht wohlgesinnt sind; sie haben eben ihre Art, wir haben unsere; laßt uns zufrieden sein.« (Beifall.) »Ich bin am Ende. Meine Freunde, unter meiner Hand ruht eines Fremden beredte Anerkennung dessen, was wir sind; durch ihn wird die Welt hinfort immer wissen, was wir sind. Wir wissen nicht, wer er ist, aber in eurem Namen spreche ich ihm euren Dank aus und bitte euch, zur Bestätigung dessen eure Stimmen zu erheben.«

Das Publikum stand geschlossen auf und ließ eine Minute lang die Mauern unter dem Donner seiner Dankesbekundung erbeben. Dann setzte man sich wieder, und Mr. Burgess zog einen Umschlag aus der Tasche. Das Publikum hielt den Atem an, während er den Umschlag aufriß und einen Zettel herauszog. Er verlas den Inhalt – langsam und nachdrücklich –, während das Publikum mit verzückter Aufmerksamkeit dem magischen Text lauschte, dessen Worte je einen Goldbarren wert waren:

»›Der Satz, den ich an den hilfsbedürftigen Fremden richtete, lautete: „Du bist noch lange kein schlechter Mensch; gehe hin und bessere dich.“‹« Dann fuhr er fort: »Wir werden sogleich erfahren, ob der hier angeführte Text mit dem übereinstimmt, der im Sack verborgen liegt; wenn das der Fall sein sollte – und daran ist kein Zweifel –, gehört dieser Sack voll Gold einem Mitbürger, der hinfort vor der ganzen Nation als das Symbol der besonderen Tugend stehen wird, die unsere Stadt im ganzen Lande berühmt gemacht hat – Mr. Billson!«

Das Publikum hatte sich schon bereitgehalten, in den angemessenen Beifallssturm auszubrechen; aber stattdessen saß es nun da wie gelähmt; ein paar Sekunden lang herrschte tiefes Schweigen, dann durchrauschte Gemurmel und Geflüster wie eine Welle den Saal – etwa in diesem Sinne: »*Billson*! O nein, das zieht nicht! Zwanzig Dollar an einen Fremden oder sonstwen – ausgerechnet *Billson*! Das kannst du deiner Großmutter erzählen!« Und an dieser Stelle hielt das ganze Haus in erneuter Verblüffung den Atem an, denn es entdeckte, daß an einer Seite des Saales Diakon Billson mit demütig gesenktem Haupt aufgestanden war, auf der anderen Seite aber Rechtsanwalt Wilson ebenfalls stand. Eine Weile herrschte nun erstauntes Schweigen.

Alle waren platt, und neunzehn Ehepaare waren überrascht und empört.

Billson und Wilson wandten sich einander zu und starrten sich an. Billson fragte beißend:

»Warum stehen Sie denn auf, Mr. Wilson?«

»Weil ich das Recht dazu habe. Vielleicht haben Sie die Güte, dem Publikum zu erklären, warum Sie aufstehen?«

»Mit dem größten Vergnügen. Weil ich diesen Zettel geschrieben habe.«

»Das ist eine unverschämte Lüge! Ich selbst habe ihn geschrieben.«

Nun war Burgess an der Reihe zu erstarren. Er stand da, richtete seinen leeren Blick von einem zum anderen und wußte offensichtlich nicht, was tun. Das Publikum saß da wie betäubt. Jetzt ergriff Rechtsanwalt Wilson das Wort und sagte:

»Ich bitte den Vorsitzenden, den Namen vorzulesen, mit dem der Zettel unterschrieben ist.«

Das brachte den Vorsitzenden zu sich, und er verlas den Namen: »John Wharton *Billson*.«

»Da!« rief Billson. »Was sagen Sie jetzt? Und wie wollen Sie sich bei mir und bei diesem Publikum entschuldigen, das Sie mit Ihrem Betrugsversuch beleidigt haben?«

»Da ist nichts zu entschuldigen, Sir; dagegen klage ich Sie hiermit öffentlich an, meinen Zettel Mr. Burgess entwendet und ihm stattdessen eine Abschrift mit Ihrem eigenen Namen untergeschoben zu haben. Anders können Sie gar nicht von dem bewußten Satz Kenntnis bekommen haben; von allen lebenden Menschen besaß ich allein das Geheimnis seines Wortlautes.«

Die Angelegenheit drohte in einen Skandal auszuarten; alle sahen beunruhigt, daß die Stenographen wie wild kritzelten; viele riefen: »Vorsitzender, Vorsitzender! Zur Geschäftsordnung, zur Geschäftsordnung!«

Burgess klopfte mit seinem Hammer auf den Tisch und sagte: »Wir wollen doch den gebotenen Anstand nicht vergessen. Offensichtlich liegt hier ein Mißverständnis vor, aber das ist sicher alles. Wenn Mr. Wilson mir einen Briefumschlag gab – und ich erinnere mich jetzt daran –, dann habe ich ihn noch.«

Er zog einen aus der Tasche, blickte darauf, sah auf einmal überrascht und beunruhigt aus und stand sekundenlang schweigend da. Dann machte er eine ziellose, mechanische Handbewegung, setzte ein paarmal zu sprechen an und gab es entmutigt auf.

Mehrere Stimmen riefen: »Vorlesen, vorlesen! Was steht drin?«

Also begann er, benommen wie ein Schlafwandler: »›Der Satz, den ich an den unglücklichen Fremden richtete, lautete wie folgt: „Du bist noch kein schlechter Mensch“‹« (Das Publikum starrte ihn sprachlos an.), »›„gehe hin und bessere dich.“‹« (Gemurmel: »Erstaunlich! Was hat das zu bedeuten?«)

»Dieser«, sagte der Vorsitzende, »ist mit Thurlow G. Wilson unterschrieben.«

»Na bitte!«, rief Wilson. »Damit ist der Fall wohl klar! Ich wußte ganz genau, daß mein Zettel gestohlen worden ist.«

»Gestohlen!« gab Billson zurück. »Ich möchte nur bemerken, daß weder Sie noch sonst jemand von Ihrer Sorte es wagen darf ...«

Der Vorsitzende: »Zur Geschäftsordnung, meine Herren, zur Geschäftsordnung! Bitte setzen Sie sich beide.«

Sie gehorchten unter Kopfschütteln und zornigem Gemurmel. Das Publikum war zutiefst verwirrt; es wußte nicht, was von diesem ungewöhnlichen Vorgang zu halten war.

Da stand Thompson auf. Thompson war der Hutmacher. Er wäre gern einer der neunzehn gewesen; aber das kam ihm nicht zu; sein Hutlager war nicht groß genug für diese Stellung. Er sagte: »Herr Vorsitzender, wenn ich mir eine Bemerkung erlauben darf, können denn beide Herren im Recht sein? Ich frage Sie, Sir, können beide zufällig genau dieselben Worte an den Fremden gerichtet haben? Mir scheint ...«

Der Gerber stand auf und unterbrach ihn. Der Gerber war ein unzufriedener Mann; er hielt sich für berechtigt, einer der neunzehn zu sein, konnte aber keine Anerkennung finden. Das machte ihn in Auftreten und Rede ein bißchen unangenehm. Er sagte: »Pah, *darauf* kommt's doch nicht an! Das kann passieren – zweimal in hundert Jahren –, aber das andere nicht. *Keiner* von beiden hat die zwanzig Dollar hergegeben!«

(Vereinzelter Beifall.)

Billson: »*Ich* hab's getan!«

Wilson: »*Ich* hab's getan!«

Dann beschuldigten sie sich gegenseitig des Diebstahls.

Der Vorsitzende: »Zur Geschäftsordnung! Bitte setzen Sie sich – beide. Keiner der Zettel ist mir auch nur für einen Augenblick aus den Händen gekommen.«

Eine Stimme: »Gut – *das* ist also geklärt.«

Der Gerber: »Herr Vorsitzender, eines steht nun fest: Einer dieser Männer hat unter dem Bett des anderen gelegen und gelauscht und sich Familiengeheimnisse angeeignet. Wenn es nicht unparlamentarisch ist, so etwas zu sagen, möchte ich bemerken, daß es beiden zuzutrauen ist.« (Der Vorsitzende: »Zur Geschäftsordnung! Zur Geschäftsordnung!«) »Ich ziehe die Bemerkung zurück, Sir, und will mich auf folgenden Hinweis beschränken: *Wenn* einer von ihnen lauschte, als der andere seiner Frau den bewußten Satz verriet, erwischen wir ihn jetzt.«
Eine Stimme: »Wie?«
Der Gerber: »Ganz einfach. Die zwei haben den Satz nicht in genau denselben Worten zitiert. Sie hätten das auch bemerkt, wenn nicht ein zeitlicher Abstand und ein aufregender Streit zwischen dem Vorlesen der zwei Zettel gelegen hätten.«
Eine Stimme: »Welcher Unterschied denn?«
Der Gerber: »Das Wort ›lange‹ steht auf Billsons Zettel und auf dem anderen nicht.«
Viele Stimmen: »Stimmt – er hat recht!«
Der Gerber: »Wenn also der Herr Vorsitzende den im Sack befindlichen Kontrollsatz nachprüft, werden wir wissen, welcher dieser beiden Betrüger« (Der Vorsitzende: »Zur Geschäftsordnung!«), »welcher dieser beiden Abenteurer« (Der Vorsitzende: »Zur Geschäftsordnung! Zur Geschäftsordnung!«), »welcher dieser beiden Herren« (Gelächter und Beifall) »berechtigt ist, den Siegerkranz zu tragen als der erste unredliche Schaumschläger, den diese Stadt hervorbrachte – die er entehrt hat und die fortan ein unbehaglicher Aufenthaltsort für ihn sein wird.« (Starker Beifall.)
Viele Stimmen: »Öffnen! – Den Sack öffnen!« Mr. Burgess schnitt in den Sack einen Schlitz, schob die Hand hinein und

brachte einen Umschlag zum Vorschein. Darin lagen zwei zusammengefaltete Zettel.
Er sagte: »Der eine trägt den Vermerk: ›Nicht öffnen, bis *alle* an den Vorsitzenden gerichteten schriftlichen Mitteilungen – soweit vorhanden – verlesen sind.‹ Auf dem anderen steht: ›Die Kontrolle.‹ Gestatten Sie. Er lautet wie folgt:
›Ich verlange nicht, daß die erste Hälfte des Satzes, den mein Wohltäter an mich richtete, genau zitiert wird, denn sie war nicht bedeutsam, er kann sie vergessen haben; aber die fünfundzwanzig Schlußworte sind überaus bedeutsam und, wie ich glaube, leicht zu behalten; wenn *diese* nicht wörtlich wiedergegeben werden, ist der Anwärter als Betrüger anzusehen. Mein Wohltäter begann damit, daß er sagte, er erteile selten jemandem Ratschläge, aber wenn es doch vorkomme, trügen sie stets ein besonderes Gütezeichen. Dann sagte er folgendes, und das ist mir nie aus dem Sinn gekommen: „Du bist noch kein schlechter Mensch …“‹«
Fünfzig Stimmen: »Erledigt – das Geld gehört Wilson! Wilson! Wilson! Sprechen! Sprechen!«
Die Leute sprangen auf, umringten Wilson, schüttelten ihm die Hände und gratulierten ihm überschwänglich – während der Vorsitzende mit dem Hammer donnerte und rief:
»Zur Geschäftsordnung, meine Herren! Zur Geschäftsordnung! Zur Geschäftsordnung! Lassen Sie mich bitte zu Ende lesen!« Als die Ruhe wiederhergestellt war, las er weiter:
»›„… gehe hin und bessere dich, sonst – denke an meine Worte – wirst du eines Tages sterben und deiner Sünden halber zur Hölle fahren oder nach Hadleyburg – *bemühe dich, ersteres zu erreichen.*“‹«
Eine entsetzliche Stille senkte sich herab. Zuerst ließ sich eine Zorneswolke finster auf die Gesichter der Bürgerschaft nieder;

nach einer Pause lichtete sich die Wolke, und ein belustigter Ausdruck begann durchzuschimmern; er schimmerte so stark durch, daß er sich nur mit größter Anstrengung unterdrücken ließ; die Reporter, die Brixtoner und die anderen Fremden senkten den Kopf, verhüllten das Gesicht mit den Händen und vermochten sich nur kraft äußerster Selbstbeherrschung und wahrhaft heroischer Höflichkeit zurückzuhalten.
In diesem höchst unpassenden Augenblick brach der markige Klang einer einzelnen Stimme in die Stille ein – Jack Hallidays Stimme: »*Das* trägt das echte Gütezeichen!«
Da konnte das Haus sich nicht länger halten, weder Fremde noch Einheimische. Sogar Mr. Burgess' Ernst brach zusammen, woraufhin das Publikum sich für offiziell von jeder Zurückhaltung befreit hielt und seine Freiheit weidlich ausnützte. Es war ein herzhaftes und langanhaltendes Gelächter, stürmisch und aus vollem Halse, aber schließlich erstarb es – gerade so lange, daß Mr. Burgess sich sammeln konnte, um weiterzusprechen, während alle Anwesenden sich die Augen wischten; dann brach es wieder los; und noch einmal; dann endlich konnte Burgess folgende ernste Worte hervorbringen: »Es ist zwecklos, die Tatsache verschleiern zu wollen – wir stehen vor einer schwerwiegenden Tatsache. Sie betrifft die Ehre eurer Stadt, sie zielt auf ihren guten Namen.
Der Unterschied zwischen den Sätzen, die Mr. Wilson und Mr. Billson zur Prüfung eingereicht haben, der nur in einem einzigen Wort bestand, war schon ernst genug, da er darauf hinwies, daß der eine oder der andere dieser Herren einen Diebstahl begangen hat …«
Die beiden Männer hatten schlaff, entnervt, vernichtet dagesessen; aber bei diesen Worten fuhren sie zusammen und wollten aufspringen …

»Setzen Sie sich!« rief der Vorsitzende scharf, und sie gehorchten. »Das, wie gesagt, war schon etwas sehr Ernstes. Das war es – aber nur für einen von ihnen. Jedoch ist die Angelegenheit noch ernster geworden; denn die Ehre *beider* ist jetzt in größter Gefahr. Soll ich noch weitergehen und sagen, in hoffnungsloser Gefahr? *Beide* haben die entscheidenden fünfundzwanzig Worte ausgelassen.« Er hielt inne und gab der Stille, die den Saal beherrschte, einige Sekunden Zeit, sich noch zu vertiefen und noch beklemmender zu werden, dann fügte er hinzu: »Es scheint nur eine Möglichkeit zu geben, wie dies geschehen konnte. Ich frage diese Herren: Lag hier ein *heimliches Einverständnis*, eine *Abrede* vor?«

Ein leises Murmeln strich durch das Haus; es bedeutete: Jetzt hat er sie beide.

Billson war so eine Bedrängnis nicht gewöhnt; hilflos, zusammengebrochen hockte er da.

Aber Wilson war Rechtsanwalt. Er richtete sich mühsam auf, bleich und beklommen, und sagte: »Ich bitte das Haus um Nachsicht, wenn ich diese höchst schmerzliche Angelegenheit erkläre. Ich bedaure, das folgende sagen zu müssen, da es Mr. Billson nicht wiedergutzumachenden Schaden zufügen wird, Mr. Billson, den ich bis jetzt stets geschätzt und geachtet habe und von dessen Standfestigkeit gegenüber jeglicher Versuchung ich zutiefst überzeugt war – wie Sie alle. Aber zum Schutz meiner eigenen Ehre muß ich sprechen – und zwar rückhaltlos. Ich bekenne voller Scham – und ich bitte Sie herzlich um Verzeihung –, daß ich dem mittellosen Fremden jedes Wort, das der Kontrollsatz enthält, gesagt habe, einschließlich der abfälligen fünfundzwanzig.« (Sensation!) »Als kürzlich die Pressemeldung erschien, fielen mir meine Worte wieder ein, und ich beschloß, meinen Anspruch auf den Sack voll Münzen anzumelden, der mir rechtmäßig zustand.

Nun bitte ich Sie, meinem Gedankengang zu folgen und ihn wohl abzuwägen: Die Dankbarkeit des Fremden in jener Nacht kannte keine Grenzen; er sagte selbst, er könne keine angemessenen Worte finden, und wenn er je dazu imstande wäre, wolle er es mir tausendfach vergelten. Nun frage ich Sie folgendes: Konnte ich erwarten – konnte ich glauben – konnte ich mir auch nur entfernt vorstellen –, daß er bei all seiner glühenden Dankbarkeit so undankbar sein könnte, diese ganz unnötigen fünfundzwanzig Worte in seinem Kontrollsatz aufzuführen? – Mir eine Falle zu stellen? – Mich vor allen im Rathaussaal versammelten Mitbürgern als Verleumder meiner Heimatstadt bloßzustellen? Es erschien undenkbar, unmöglich. Ich mußte annehmen, sein Kontrollsatz werde nur den freundlichen ersten Teil meiner Bemerkung enthalten. Daran zweifelte ich keinen Augenblick. Sie hätten genauso gedacht. Auch Sie hätten keinen gemeinen Verrat erwartet von einem, den Sie unterstützt und dem Sie nichts Böses angetan haben. Und so schrieb ich in vollem Vertrauen, in gutem Glauben die Einleitungsworte auf einen Zettel, schloß mit ›gehe hin und bessere dich‹ und unterschrieb. Gerade als ich den Zettel in einen Umschlag stecken wollte, wurde ich in meine hinteren Büroräume gerufen und ließ gedankenlos das Papier offen auf meinem Schreibtisch liegen.« Er unterbrach sich, wandte langsam den Kopf zu Billson, machte eine kurze Pause und fügte dann hinzu: »Ich bitte Sie, folgendes zu beachten: Als ich etwas später zurückkehrte, sah ich gerade noch, wie Mr. Billson durch die vordere Tür zur Straße hin entschlüpfte.« (Sensation!)

Billson sprang auf und rief: »Das ist eine Lüge! Das ist eine infame Lüge!«

Der Vorsitzende: »Setzen Sie sich, Sir! Mr. Wilson hat das Wort.«

Billsons Freunde zogen ihn auf seinen Stuhl zurück und beruhigten ihn, und Wilson fuhr fort:
»Das sind die schlichten Tatsachen. Mein Zettel lag jetzt an einer anderen Stelle des Tisches als vorher. Ich bemerkte es, maß dem aber keine Bedeutung zu, weil ich dachte, ein Luftzug habe ihn hingeweht. Daß Mr. Billson ein privates Schriftstück lesen könnte, kam mir überhaupt nicht in den Sinn; ich nahm an, er wäre ein anständiger Mensch und täte so etwas nicht. Wenn Sie mir die Bemerkung gestatten, ich glaube, das von ihm hinzugefügte Wort ›lange‹ ist damit erklärt: Es ist einem Gedächtnisfehler zuzuschreiben. Ich war der einzige Mensch auf der Welt, der an dieser Stelle alle Worte des Kontrollsatzes wiedergeben konnte – auf *redliche Weise*. Ich bin am Ende.«
Nichts in der Welt kommt einer mitreißenden Rede gleich, wenn es darum geht, einem in den Kniffen und Täuschungsmanövern der Redekunst unerfahrenen Publikum das geistige Getriebe durcheinanderzubringen, die Überzeugungen umzustoßen und die Gefühlsaufwallungen in schiefe Bahnen zu lenken. Wilson setzte sich als Sieger. Das Haus überschwemmte ihn mit anerkennendem Beifall; seine Freunde umdrängten ihn, schüttelten ihm die Hände und gratulierten ihm; Billson aber wurde niedergeschrien und konnte nicht zu Worte kommen.
Der Vorsitzende hämmerte und hämmerte und schrie dabei: »Aber wir wollen doch fortfahren, meine Herren, wir wollen doch fortfahren!«
Endlich wurde es einigermaßen ruhig, und der Hutmacher sagte: »Was gibt es denn noch fortzufahren, Sir? Nur das Geld ist noch zu übergeben.«
Stimmen: »Richtig! Jawohl! Gehen Sie vor, Wilson!«

Der Hutmacher: »Ich bringe ein dreifaches Hurra für Mr. Wilson aus, das Symbol der besonderen Tugend, die …«
Hochrufe brachen aus, bevor er seine Worte beenden konnte; und inmitten der brausenden Hurras und des rasenden Hammerklopfens hoben ein paar Begeisterte Wilson einem starken Freund auf die Schultern und wollten ihn im Triumphzug zur Bühne tragen.
Nun erhob sich die Stimme des Vorsitzenden über den Lärm: »Zur Geschäftsordnung! Auf eure Plätze! Ihr vergeßt, daß noch ein Dokument zu verlesen ist.« Als die Ruhe wiederhergestellt war, nahm er das Papier auf und wollte beginnen, legte es aber wieder hin und sagte: »Ich vergaß ja; das darf erst vorgelesen werden, wenn alle mir zugegangenen schriftlichen Mitteilungen verlesen worden sind.« Er zog einen Umschlag aus der Tasche, entnahm den darin enthaltenen Zettel, überflog ihn – schien erstaunt –, hielt ihn empor und starrte, ja stierte darauf.
Zwanzig, dreißig Stimmen riefen: »Was ist los? Vorlesen! Vorlesen!«
Und er tat es – langsam und verwundert: »›Der Satz, den ich an den Fremden richtete‹« (Stimmen: »Hallo, was ist denn das?«), »›lautete: „Du bist noch kein schlechter Mensch“‹« (Stimmen: »Heiliger Strohsack!«), »›„gehe hin und bessere dich.“‹« (Stimmen: »Jetzt schlägt's dreizehn!«) »Unterschrieben von Mr. Pinkerton, dem Bankier.«
Das tobende Gelächter, das jetzt losbrach, war wohl geeignet, die Besonnenen zum Weinen zu bringen. Wer nicht selbst betroffen war, lachte, bis ihm die Tränen herunterliefen; die Reporter, die sich vor Lachen bogen, schrieben wirre Krakel hin, die nie im Leben wieder zu entziffern sein würden; und ein schlafender Hund erwachte, sprang wahnsinnig vor Angst

auf und bellte wie verrückt in den Aufruhr hinein. Alle möglichen Rufe drangen durch das Getöse: »Wir werden langsam reich – *zwei* Symbole der Unbestechlichkeit – Billson gar nicht gerechnet!« – »*Drei* – zählt den Fischbauch mit – wir können nicht genug davon haben!« – »Gut – Billson ist gewählt!« – »Ach, armer Wilson – von *zwei* Dieben beklaut!«

Eine kräftige Stimme: »Ruhe! Der Vorsitzende angelt noch etwas aus der Tasche.«

Stimmen: »Hurra! Ist es was Neues? Vorlesen! Vorlesen! Vorlesen!«

Der Vorsitzende (liest): »›Der Satz, den ich‹ und so weiter: ›„Du bist noch kein schlechter Mensch; gehe hin“‹ und so weiter. Gezeichnet Gregory Yates.«

Stimmengebraus: »Vier Symbole!« – »Yates – Hipp, hipp, hurra!« – »Weiterangeln!«

Das Haus war jetzt in glänzender Stimmung und wollte aus der Gelegenheit so viel Spaß herausschlagen wie nur möglich. Etliche der neunzehn standen bleich und unglücklich auf und begannen sich zu den Gängen durchzuarbeiten, aber da rief ein Dutzend Stimmen:

»Die Türen, die Türen – schließt die Türen ab! Keiner der Unbestechlichen verläßt den Raum! Hinsetzen, alle hinsetzen!«

Dem Befehl wurde Folge geleistet. »Weiterangeln! Vorlesen! Vorlesen!« Der Vorsitzende angelte wieder, und wieder fielen die vertrauten Worte von seinen Lippen: »›„Du bist noch kein schlechter Mensch.“‹«

»Den Namen! Den Namen! Wie heißt er?«

»L. Ingoldsby Sargent.«

»Fünf Auserwählte! Immer her mit den Symbolen! Weiter, weiter!«

»›„Du bist noch kein schlechter …“‹«

»Den Namen! Den Namen!«
»Nicholas Whitworth!«
»Hurra! Hurra! Heute kommen die Symbole ans Licht!« Jemand fiel plärrend in den Ruf ein und begann diese Zeile (ohne »heute kommen«) nach der reizenden Melodie aus dem »Mikado«,

Wenn ein Mann sich nicht traut,
seiner lieblichen Braut ...

zu singen; das Publikum fiel fröhlich ein; dann fügte genau rechtzeitig jemand eine weitere Zeile hinzu:

»Der Wahrheit seht nur ins Gesicht!«

Das Haus brüllte mit. Die dritte Zeile folgte auf dem Fuße:

»In Hadleyburg gibt's Bestechliche nicht!«

Das Haus grölte auch diesen Text mit. Als der letzte Ton verklungen war, erhob sich Jack Hallidays Stimme hell und klar in den Raum und lieferte die Schlußzeile:

»Symbole hingegen, die mangeln da nicht!«

Das wurde mit tosender Begeisterung gesungen. Dann begann die übermütige Versammlung von vorn und sang die vier Zeilen noch zweimal durch, mit ungeheurem Schwung und Schmiss, und schloß mit einem donnernden dreimaligen Hoch und rasendem Beifall für »Hadleyburg, die Unbestechliche Stadt, und alle Symbole, die wir heute noch würdig finden werden, das Gütezeichen zu erhalten«.

Dann setzten im ganzen Saal die Zurufe an den Vorsitzenden wieder ein: »Weiter! Weiter! Vorlesen! Noch mehr vorlesen! Alles vorlesen, was Sie haben!« – »Richtig! Weitermachen! Wir gewinnen ewigen Ruhm!«

Jetzt standen ein Dutzend Männer auf und legten Protest ein. Sie sagten, diese Farce sei das Werk eines gottverlassenen Intriganten und eine Beleidigung für das ganze Gemeinwesen. Zweifellos seien diese Unterschriften alle gefälscht ...

»Hinsetzen! Hinsetzen! Ruhe! Sie gestehen ja! Bestimmt sind *eure* Namen dabei!«

»Herr Vorsitzender, wieviele solche Umschläge haben Sie erhalten?«

Der Vorsitzende zählte. »Mit den bereits geprüften sind es neunzehn.«

Ein Sturm höhnischen Beifalls brach los. »Vielleicht enthalten sie alle das Geheimnis. Ich schlage vor, Sie öffnen alle und lesen von jedem Zettel die Unterschrift vor – und die ersten sechs Worte des Textes.«

»Einverstanden!«

Der Vorschlag wurde zur Diskussion gestellt und mit lärmender Zustimmung gebilligt. Da stand der arme, alte Richards auf, auch seine Frau erhob sich und stellte sich neben ihn. Sie hielt den Kopf gesenkt, um nicht erkennen zu lassen, daß sie weinte. Ihr Mann reichte ihr den Arm, um sie zu stützen, und sprach mit zitternder Stimme: »Meine Freunde, ihr habt uns beide – Mary und mich – unser ganzes Leben lang gekannt, und ich glaube, ihr habt uns gerngehabt und geachtet ...«

Der Vorsitzende unterbrach ihn: »Gestatten Sie. Was Sie sagen, ist vollkommen richtig, Mr. Richards: Diese Stadt kennt

Sie beide; sie hat Sie gern; sie achtet Sie; mehr noch – sie ehrt und liebt Sie …«

Hallidays Stimme erschallte: »Und das ist die reine Wahrheit! Wenn der Vorsitzende recht hat, sollen die Anwesenden es laut und deutlich aussprechen. Aufstehen! Also dann – hipp, hipp, hurra – alle zusammen!«

Das Publikum erhob sich geschlossen, wandte sich impulsiv dem alten Paar zu, erfüllte die Luft mit einem Schneesturm wehender Taschentücher und brachte aus vollem Herzen die Hochrufe aus.

Dann fuhr der Vorsitzende fort: »Ich wollte folgendes sagen: Wir kennen Ihr gutes Herz, Mr. Richards, aber dies ist nicht der geeignete Zeitpunkt, um Missetätern gegenüber Milde walten zu lassen.« (Rufe: »Sehr richtig!«) »Ich sehe Ihnen die großmütige Absicht am Gesicht an, aber ich kann Ihnen nicht gestatten, ein gutes Wort für die Leute einzulegen …«

»Aber ich wollte doch …«

»Bitte, setzen Sie sich, Mr. Richards. Wir müssen die übrigen Zettel durchsehen – das gebietet schon die Gerechtigkeit gegenüber den bereits bloßgestellten Männern. Sobald das geschehen ist – darauf haben Sie mein Wort –, können Sie sprechen.«

Viele Stimmen: »Richtig! Der Vorsitzende hat recht – gerade jetzt können wir keine Unterbrechung gestatten. Weitermachen! Die Namen! Die Namen – wie vorhin beschlossen!«

Das alte Paar setzte sich widerstrebend, und der Mann flüsterte seiner Frau zu: »Es ist entsetzlich schwer, warten zu müssen; die Schande wird noch viel größer sein, wenn sie merken, daß wir nur für uns selbst plädieren wollten.«

Als die Namen verlesen wurden, brach die Heiterkeit sogleich wieder aus.

»›„Du bist noch kein schlechter Mensch“‹ – Unterschrift Robert J. Titmarsh.«
»›„Du bist noch kein schlechter Mensch“‹ – Unterschrift Eliphalet Weeks.«
»›„Du bist noch kein schlechter Mensch“‹ – Unterschrift Oscar B. Wilder.«
An dieser Stelle kam dem Publikum die glänzende Idee, dem Vorsitzenden den Vortrag der sechs Worte abzunehmen. Er war nicht undankbar dafür. Nun hielt er jeweils den Zettel empor und wartete. Die Versammlung dröhnte die sechs Worte in vielstimmigem, rhythmisch brausendem Chor hervor (mit einer gewagten Ähnlichkeit zu einem wohlbekannten Kirchenchoral): »Du bist noch ka-a-a-ein schle-e-e-echter Mensch.« Dann rief der Vorsitzende: »Unterschrift Archibald Wilcox.« Und so weiter und so fort, Namen auf Namen, und alle fanden immer größeren Spaß an der ganzen Geschichte, mit Ausnahme der unglücklichen neunzehn. Ab und zu, wenn ein besonders glanzvoller Name ausgerufen wurde, ließ das Haus den Vorsitzenden warten, während es den ganzen Kontrollsatz vom Anfang bis zu den Schlußworten:
»… zur Hölle fahren oder nach Hadleyburg – bemühe dich, e-e-e-ersteres zu erreichen!« psalmodierte, und in diesen besonderen Fällen fügte es ein erdrückendes, überwältigendes und pathetisches »A-a-a-amen!« hinzu.
Die Liste wurde immer kürzer, immer kürzer, und der arme, alte Richards zählte mit, zuckte zusammen, wenn ein dem seinen ähnlicher Name genannt wurde, und wartete in qualvoller Spannung auf den Augenblick, da ihm das demütigende Vorrecht zuteil würde, mit Mary aufzustehen und seine Verteidigungsrede zu Ende zu bringen, die er so formulieren wollte: »… denn bis jetzt haben wir noch nie etwas Unrechtes

getan, sondern sind unbescholten unseren bescheidenen Weg gegangen. Wir sind sehr arm, wir sind alt und haben weder Kind noch Kegel, uns zu helfen; wir sind in große Versuchung geraten, und wir sind gefallen. Als ich vorhin aufstand, wollte ich ein Geständnis ablegen und bitten, meinen Namen nicht in aller Öffentlichkeit zu verlesen, denn wir glaubten, das nicht ertragen zu können; aber ich wurde daran gehindert. Das war gerecht; es stand uns zu, mit den anderen zu leiden. Es war schlimm für uns. Zum ersten Mal haben wir unseren Namen von fremden Lippen fallen hören – befleckt. Habt Erbarmen – um der besseren Tage willen; macht uns die Schande so leicht, wie es eure Nächstenliebe zuläßt.« Als er in seinem Gedankengang so weit gekommen war, gab ihm Mary einen Rippenstoß, denn sie hatte seine Versunkenheit bemerkt. Das Haus psalmodierte: »Du bist noch ka-a-a-ein …« und so weiter.

»Halte dich bereit«, flüsterte Mary. »Jetzt kommt dein Name dran; er hat achtzehn vorgelesen.«

Der Singsang endete.

»Der Nächste! Der Nächste! Der Nächste!« rief es von allen Seiten des Hauses.

Burgess steckte die Hand in die Tasche. Zitternd machte sich das alte Paar bereit, aufzustehen. Burgess kramte einen Augenblick, dann sagte er: »Ich stelle fest, daß ich schon alle vorgelesen habe.«

Schwach vor Freude und Überraschung sank das Paar auf seine Plätze zurück, und Mary flüsterte: »Ach, Gott sei gelobt, wir sind gerettet! Er hat unseren verloren – das ist mehr wert als hundert solche Säcke!«

Das Publikum stimmte seine »Mikado«-Travestie an, sang sie dreimal nacheinander mit immer steigender Begeisterung durch, und als es zum dritten Mal die Schlußzeile erreichte:

»Symbole hingegen, da mangelt es nicht!«

standen alle auf und schlossen mit Hochrufen und tosendem Beifall auf »Hadleyburgs Reinheit und deren achtzehn unsterbliche Repräsentanten«.
Dann erhob sich Wingate, der Sattler, und forderte zu einem Hoch auf »für den anständigsten Mann der Stadt, den einzigen ihrer prominenten Bürger, der nicht versucht hat, das Geld zu stehlen – Edward Richards!«.
Alle stimmten mit überaus rührender Herzlichkeit ein; dann regte einer an, Richards zum alleinigen Hüter und Symbol der nunmehr geheiligten Hadleyburger Tradition zu wählen, mit Recht und Titel, der ganzen sarkastischen Welt aufrecht ins Gesicht zu blicken.
Durch Zuruf genehmigt; dann sangen sie wieder den »Mikado«, diesmal mit der Schlußzeile:

»Symbol blieb nur einer, da zweifle ich nicht!«

Es trat eine Pause ein; dann …
Eine Stimme: »Na, wer soll den Sack nun kriegen?«
Der Gerber (mit bitterem Sarkasmus): »Das ist ganz einfach. Das Geld muß unter den achtzehn Unbestechlichen aufgeteilt werden. Sie schenkten jeder dem in Not geratenen Fremden zwanzig Dollar – und den bewussten Satz – alle der Reihe nach – es dauerte zweiundzwanzig Minuten, bis der ganze Zug an ihm vorüber war. Sie setzten auf den Fremden – Gesamteinsatz dreihundertsechzig Dollar. Sie wollen ja bloß das Darlehen zurückhaben – mit Zinsen – insgesamt vierzigtausend Dollar.«

Viele Stimmen (höhnisch): »Richtig! Aufteilen, aufteilen! Seid gut zu den Armen – laßt sie nicht warten!«
Der Vorsitzende: »Zur Geschäftsordnung! Ich verlese jetzt das andere Dokument des Fremden. Es lautet: ›Wenn sich kein Bewerber meldet‹« (Der Saal stöhnte auf.), »›wünsche ich, daß der Sack geöffnet und das Geld den Honoratioren Ihrer Stadt ausgezahlt wird, die es treuhänderisch verwalten‹« (Rufe: »Oh! Oh! Oh!«) »›und es nach ihrem Gutdünken zu dem Zweck verwenden sollen, den guten Ruf Ihrer Stadt als Beispiel unantastbarer Ehrlichkeit zu mehren und zu erhalten‹« (Weitere Zwischenrufe.), »›einen Ruf, dem sie mit Namen und Tat neuen und weithin erstrahlenden Glanz verleihen sollen.‹« (Begeisterter Ausbruch sarkastischen Beifalls.) »Das scheint alles zu sein. Nein – hier ist eine Nachschrift:
›PS. Bürger von Hadleyburg – es gibt gar keinen Kontrollsatz – niemand hat einen gesagt.‹« (Große Sensation.) »›Es gab keinen bettelarmen Fremden, auch kein Geschenk von zwanzig Dollar, auch keinen zusätzlichen Segen, keine Empfehlung – das ist alles erfunden.‹« (Allgemeines erstauntes und entzücktes Summen und Brummen.) »›Gestatten Sie mir, meine Geschichte zu erzählen – sie ist kurz. Ich bin einmal durch Ihre Stadt gekommen und erfuhr eine tiefe Beleidigung, die ich nicht verdient hatte. Jeder andere hätte sich damit zufriedengegeben, einen oder zwei Hadleyburger umzubringen, und sich dann für quitt gehalten, aber mir wäre das eine zu geringfügige und unangemessene Rache gewesen, denn die Toten leiden nicht. Außerdem konnte ich Sie nicht alle umbringen – und überhaupt bin ich so veranlagt, daß mich selbst das nicht befriedigt hätte. Ich wollte jeden Mann und jede Frau in der Stadt schädigen und verwunden – nicht an Leib oder Besitz, sondern in ihrer Eitelkeit – der Stelle, wo schwache und

törichte Menschen am verletzlichsten sind. So verkleidete ich mich, kehrte zurück und studierte Sie. Sie waren eine leichte Beute. Sie hatten einen alten und erhabenen Ruf für besondere Redlichkeit, und natürlich waren Sie stolz darauf – es war Ihr allergrößter Schatz, Ihr Augapfel. Sobald ich herausgefunden hatte, daß Sie sich und Ihre Kinder sorgsam und argwöhnisch jeder Versuchung fernhielten, wußte ich, wie ich vorzugehen hatte. Ihr einfältigen Menschen, das Schwächste vom Schwachen ist doch eine Tugend, die nie eine Feuerprobe bestanden hat. Ich legte mir einen Plan zurecht und stellte eine Namensliste auf. Meine Absicht war es, Hadleyburg, das unbestechliche Hadleyburg, zu korrumpieren. Mein Gedanke war es, fast ein halbes Hundert makelloser Männer und Frauen, die nie in ihrem Leben eine Lüge ausgesprochen oder einen Penny gestohlen hatten, zu Lügnern und Dieben zu machen. Ich fürchtete Goodson. Er war in Hadleyburg weder geboren noch aufgewachsen. Ich befürchtete, wenn ich meinen Plan zu verwirklichen begänne und Ihnen meinen Brief in die Hände spielte, würden Sie sich sagen: „Goodson ist der einzige von uns, der einem armen Teufel zwanzig Dollar schenken würde", und würden dann vielleicht meinen Köder nicht annehmen. Aber der Himmel nahm Goodson zu sich; da wußte ich, daß ich sicher war, stellte meine Falle auf und köderte sie. Es kann sein, daß ich nicht alle Männer fangen werde, denen ich den angeblichen Kontrollsatz zusandte, aber die meisten werde ich fangen, wenn ich den Hadleyburger Charakter kenne.‹« (Stimmen: »Richtig – er hat jeden von ihnen erwischt!«) »›Ich glaube, sie werden sogar Geld, das offensichtlich aus Glücksspielen stammt, lieber stehlen, als es sich entgehen zu lassen, diese armseligen, falsch erzogenen und in Versuchung geführten Kreaturen. Ich hoffe, daß es mir gelingt, Ihren eitlen

Stolz für immer und ewig zu zerstören und Hadleyburg einen neuen Ruf zu verleihen – einen, der haftenbleibt und sich weit verbreitet. Wenn mir das gelungen ist, öffnen Sie den Sack und berufen Sie das Komitee zur Förderung und Bewahrung des Hadleyburger Rufes.‹«

Ein Orkan von Stimmen: »Aufmachen! Aufmachen! Die achtzehn an die Front! Das Komitee zur Förderung der Tradition! Nach vorn – die Unbestechlichen!«

Der Vorsitzende riß den Sack weit auf und ergriff eine Handvoll großer, glänzender gelber Münzen, schüttelte sie, prüfte sie ...

»Meine Freunde, das sind nur vergoldete Bleischeiben!«

Ein brausender Heiterkeitsausbruch folgte auf diese Mitteilung, und als der Lärm sich gelegt hatte, rief der Gerber: »Kraft der offenbar ältesten Ansprüche in dieser Angelegenheit ist Mr. Wilson der Vorsitzende des Komitees zur Förderung der Tradition. Ich schlage vor, daß er im Namen seiner Kollegen vortritt und das Geld in seine Obhut nimmt.«

Hundert Stimmen: »Wilson! Wilson! Wilson! Eine Rede!«

Wilson (mit wutzitternder Stimme): »Ich sage nur, und gedenke mich nicht für meine Ausdrucksweise zu entschuldigen, *zum Teufel* mit dem Geld!«

Eine Stimme: »Oh, und er ist Baptist!«

Eine Stimme: »Bleiben noch siebzehn Symbole! Treten Sie vor, meine Herren, und übernehmen Sie das Ihnen anvertraute Pfand!«

Es trat eine Pause ein – keine Antwort.

Der Sattler: »Herr Vorsitzender, wir haben jedenfalls *einen* sauberen Mann von der bisherigen Aristokratie übrigbehalten; er braucht Geld und verdient es auch. Ich schlage vor, daß Sie Jack Halliday beauftragen, die Tribüne zu besteigen, den Sack

voll vergoldeter Zwanzigdollarmünzen zu versteigern und den Erlös dem Richtigen zu übergeben – dem Manne, dem Hadleyburg von Herzen gern Ehre erweist – Edward Richards!«
Dieser Vorschlag wurde mit großer Begeisterung aufgenommen, auch der Hund beteiligte sich wieder an der Aufregung; der Sattler bot einen Dollar und machte damit den Anfang, die Leute aus Brixton und Barnums Vertreter lieferten sich einen harten Kampf um den Sack; die Leute jubelten jedes Mal auf, wenn die Gebote in die Höhe schnellten, die Erregung wuchs immer mehr und mehr, die Interessenten gerieten in Hitze und wurden immer waghalsiger, immer entschlossener, die Sprünge steigerten sich von einem Dollar auf fünf, dann auf zehn, dann auf zwanzig, dann fünfzig, dann hundert, dann …
Zu Beginn der Versteigerung flüsterte Richards bekümmert seiner Frau zu: »Ach, Mary, können wir das zulassen? Es – es – siehst du, es ist doch ein Ehrensold, ein Zeugnis für Charakterfestigkeit, und – und – können wir das zulassen? Sollte ich nicht lieber aufstehen und … Ach, Mary, was sollen wir tun? Was meinst du …« (Hallidays Stimme: »Fünfzehn sind geboten – fünfzehn für den Sack! Zwanzig! Ah, danke sehr, dreißig! Nochmals besten Dank! Dreißig, dreißig, dreißig! – Habe ich vierzig gehört? – Vierzig! Bleiben Sie am Ball, meine Herren, bleiben Sie dran! – Fünfzig! Dank, edler Römer! Fünfzig, fünfzig, fünfzig! Siebzig! Neunzig! Wunderbar! Hundert! Steigern Sie, steigern Sie! Hundertzwanzig – vierzig – genau rechtzeitig! Hundertfünfzig! ZWEIhundert – Großartig! Hörte ich zweihu – Danke sehr! Zweihundertfünfzig!«)
»Das ist schon wieder eine Versuchung, Edward – ich zittere am ganzen Leibe – aber, ach! wir sind bei der einen Versuchung davongekommen, und das sollte uns eine Warnung sein …« (»Habe ich sechs gehört? Danke! Sechs-fünfzig, sechs-

fünfzig – SIEBENhundert!«) »Und doch, Edward, wenn du bedenkst – niemand ahnt …« (»Achthundert Dollar! Hurra! Machen Sie neun daraus! Mr. Parsons, sagten Sie – danke sehr! Neun! Dieser herrliche Sack voll jungfräulichem Blei sollte für nur neunhundert Dollar weggehen, mit Vergoldung und allem – na, hören Sie mal! Sagten Sie – Tausend! Verbindlichsten Dank! Sagte jemand elf? Ein Sack, der nun der berühmteste in den ganzen Vereinig…«) »Ach, Edward«, sie begann zu schluchzen, »wir sind so arm! Aber – aber – tu, was du für richtig hältst – tu, was du für richtig hältst.«

Edward fiel – das heißt, er blieb still sitzen, mit einem Gewissen, das nicht beruhigt, aber von den Umständen überwältigt war.

Inzwischen hatte ein Fremder, der aussah wie ein als unmöglicher englischer Graf verkleideter Amateurdetektiv, die Vorgänge des Abends mit sichtlichem Interesse und mit zufriedenem Ausdruck verfolgt; er hatte im stillen seine Glossen dazu gemacht. Gerade jetzt hielt er ein Selbstgespräch, etwa in dem Sinne: ›Keiner der achtzehn bietet; damit bin ich nicht zufrieden; das muß ich ändern – das dramatische Gesetz verlangt es einfach; sie müssen den Sack kaufen, den sie stehlen wollten; und sie müssen einen hohen Preis zahlen – einige von ihnen sind reich. Und noch etwas: Wenn ich den Hadleyburger Charakter falsch eingeschätzt habe, so verdient der Mann, der mir meinen Irrtum klarmacht, ein hohes Honorar, und einer muß dafür aufkommen. Dieser arme, alte Richards hat meine Urteilskraft beschämt; er ist ein ehrlicher Mensch – ich begreife es nicht, aber ich erkenne es an. Ja, er hat mir das Spiel aus der Hand genommen und mich übertrumpft, und von Rechts wegen gehört der Einsatz ihm. Und er soll eine

anständige Summe kriegen, wenn ich's einrichten kann. Er hat mich enttäuscht, aber sei's drum.‹
Er verfolgte die Gebote. Bei tausend blieb die Nachfrage stecken; die Preise fielen rasch. Er wartete ab – und beobachtete weiter. Ein Bewerber schied aus; dann noch einer und noch einer. Jetzt bot auch er ein paarmal mit. Als die Gebote auf zehn Dollar gesunken waren, bot er fünf dazu; jemand bot weitere drei Dollar; er wartete einen Augenblick, legte dann fünfzig Dollar zu, und der Sack gehörte ihm – für eintausendzweihundertzweiundachtzig Dollar. Das Publikum brach in Hochrufe aus – und wurde wieder still; denn er war aufgestanden und hatte die Hand erhoben. Er begann zu sprechen: »Ich möchte ein Wort sagen und Sie um einen Gefallen bitten. Ich bin Raritätenhändler und habe in der ganzen Welt mit Leuten zu tun, die sich für Numismatik interessieren. Ich kann schon aus dieser Erwerbung hier, so wie sie da steht, einen Gewinn herausschlagen; ich hätte allerdings einen Weg, wenn Sie mir Ihre Einwilligung dazu erteilen, jede einzelne dieser bleiernen Zwanzigdollarmünzen in Gold aufzuwiegen, vielleicht noch mehr. Geben Sie mir Ihre Zustimmung, und ich zahle einen Teil meines Gewinns an Ihren Mr. Richards aus, dessen unantastbare Rechtschaffenheit Sie heute abend so gerecht und herzlich anerkannt haben; sein Anteil soll zehntausend Dollar betragen, und ich werde ihm das Geld morgen aushändigen.« (Großer Beifall aus dem Publikum, aber die »unantastbare Rechtschaffenheit« ließ die Richards sacht erröten. Das hielt man jedoch für Bescheidenheit, so daß es keinen Schaden anrichtete.) »Wenn Sie meinen Vorschlag mit großer Mehrheit annehmen – ich wünsche etwa zwei Drittel aller Stimmen –, betrachte ich dies als Einverständnis der Stadt, und mehr verlange ich nicht. Raritäten finden stets größeres

Interesse, wenn sie durch irgendeine Besonderheit Neugier und Aufmerksamkeit erregen.
Wenn Sie mir also die Erlaubnis geben, auf jede dieser falschen Münzen die Namen der achtzehn Herren einzuprägen, die ...«
Im Nu standen neun Zehntel des Publikums auf den Füßen – einschließlich des Hundes –, und der Vorschlag wurde mit einem Beifallsorkan und schallendem Gelächter angenommen.
Alle setzten sich wieder, und nun standen alle Symbole außer »Dr.« Clay Harkness auf und erhoben heftig Einspruch gegen die beabsichtigte Beleidigung und drohten ...
»Bitte, drohen Sie mir nicht«, sagte der Fremde gelassen. »Ich kenne meine gesetzlichen Rechte und lasse mich nicht ins Bockshorn jagen.« (Beifall.) Er setzte sich. »Dr.« Harkness erkannte hier eine Gelegenheit. Er war einer der beiden schwerreichen Männer der Stadt und Pinkerton war der andere. Harkness war der Besitzer einer Goldgrube, das heißt einer gängigen Patentmedizin. Er war Kandidat der einen Partei für die gesetzgebende Versammlung, Pinkerton der Kandidat der anderen. Es war ein heißes Kopf-an-Kopf-Rennen und wurde täglich heißer. Beide waren aufs Geld scharf; jeder hatte in bestimmter Absicht eine ausgedehnte Landfläche gekauft; es sollte eine neue Eisenbahnlinie gebaut werden, und jeder von beiden wollte dann in der gesetzgebenden Körperschaft sitzen und daran mitwirken, die Streckenführung zu seinem eigenen Vorteil festzulegen; eine einzige Stimme konnte den Ausschlag geben und damit zwei oder drei Leuten ein Vermögen einbringen. Der Einsatz war hoch, und Harkness war ein waghalsiger Spekulant. Er saß dicht bei dem Fremden. Er lehnte sich zu ihm hinüber, während das eine oder andere

der Symbole das Haus durch Proteste und flehentliche Bitten erheiterte, und fragte flüsternd:
»Was verlangen Sie für den Sack?«
»Vierzigtausend Dollar.«
»Ich gebe Ihnen zwanzig.«
»Nein.«
»Fünfundzwanzig.«
»Nein.«
»Also dreißig.«
»Der Preis ist vierzigtausend Dollar; nicht einen Penny weniger.«
»Gut, ich zahle. Morgen vormittag um zehn komme ich ins Hotel. Ich möchte nicht, daß es bekannt wird; ich komme privat.«
»Schön.«
Dann stand der Fremde auf und teilte dem Publikum mit: »Ich finde, es ist spät. Die Reden dieser Herren sind nicht unbegabt, nicht uninteressant, nicht ungeschickt; doch wenn Sie mich entschuldigen wollen, ich möchte jetzt gehen. Ich danke Ihnen für den großen Gefallen, den Sie mir erwiesen haben, indem Sie meinen Antrag genehmigten. Ich bitte den Vorsitzenden, mir den Sack bis morgen aufzubewahren und diese drei Fünfhundertdollarnoten Mr. Richards auszuhändigen.« Sie wurden dem Vorsitzenden hinaufgereicht. »Um neun werde ich den Sack abholen und um elf den Rest der zehntausend Dollar Mr. Richards persönlich bei ihm zu Hause übergeben. Gute Nacht.«
Dann schlüpfte er hinaus. Das Publikum blieb noch und machte einen ungeheuren Lärm, gemischt aus Hochrufen, dem »Mikado«-Lied, zornigem Hundegebell und dem Ge-

sang: »Du bist noch ka-a-a-ein schle-e-e-echter Mensch – A-a-a-amen!«

4

Zu Hause mußten die Richards bis Mitternacht Glückwünsche und Komplimente über sich ergehen lassen. Dann ließ man sie allein. Sie sahen ein bißchen traurig aus und saßen schweigend und nachdenklich da.

Schließlich seufzte Mary und sagte: »Meinst du, daß wir zu tadeln sind, Edward? – Sehr zu tadeln?«, und ihre Augen glitten zu dem anklagenden Dreigestirn hoher Banknoten auf dem Tisch, wo die Gratulanten sich an ihrem Anblick geweidet und sie ehrfürchtig befingert hatten.

Edward antwortete nicht gleich; dann stieß er einen Seufzer aus und sagte zögernd: »Wir – wir konnten es nicht ändern, Mary. Es – na, es war vorherbestimmt. *Alles* ist vorherbestimmt.«

Mary sah auf und blickte ihn fest an, aber er erwiderte den Blick nicht. Dann sagte sie: »Ich dachte, Glückwünsche und Lobreden schmeckten immer angenehm. Aber – jetzt scheint mir – Edward?«

»Ja?«

»Wirst du bei der Bank bleiben?«

»N-ein.«

»Kündigen?«

»Morgen früh – schriftlich.«

»Das wird das beste sein.«

Richards barg den Kopf in den Händen und murmelte: »Bisher hatte ich keine Angst, das Geld anderer Leute durch meine

Hände strömen zu lassen, aber – Mary, ich bin so müde, so müde ...«

»Gehen wir schlafen.«

Am nächsten Morgen um neun holte der Fremde den Sack ab und brachte ihn in einer Droschke ins Hotel. Um zehn hatte Harkness mit ihm eine vertrauliche Unterredung. Der Fremde verlangte und erhielt fünf Schecks auf eine Großstadtbank – Barschecks –, vier zu je fünfzehnhundert Dollar und einen zu vierunddreißigtausend Dollar. Einen der ersteren steckte er in seine Brieftasche, den Rest im Werte von achtunddreißigtausendfünfhundert Dollar schob er in einen Umschlag und fügte einen Zettel hinzu, den er schrieb, als Harkness gegangen war. Um elf ging er zu Richards und klopfte an. Mrs. Richards spähte durch die Jalousien, dann ging sie an die Tür, nahm den Umschlag entgegen, und der Fremde verschwand ohne ein Wort. Sie kam zurück, rot im Gesicht und etwas unsicher auf den Beinen, und sagte atemlos:

»Ich habe ihn ganz bestimmt erkannt! Gestern abend war mir, als hätte ich ihn schon einmal irgendwo gesehen.«

»Ist es der Mann, der uns den Sack gebracht hat?«

»Ich bin beinahe sicher.«

»Dann ist er auch der angebliche Stephenson und hat jeden angesehenen Bürger dieser Stadt mit seinem Schwindel hereingelegt. Wenn er nun Schecks statt Geld geschickt hat, sind wir auch hereingefallen und hatten schon gehofft, wir seien davongekommen. Ich habe mich nach der Nachtruhe gerade wieder ziemlich wohl gefühlt, aber der Anblick dieses Umschlags macht mich ganz krank. Er ist nicht dick genug: Achttausendfünfhundert Dollar, selbst in den größten Banknoten, sind schwerer.«

»Edward, was hast du gegen Schecks?«

»Schecks, die Stephenson unterschrieben hat! Ich füge mich drein, die achttausendfünfhundert Dollar zu nehmen, wenn sie in Banknoten kommen – denn es sieht wirklich alles wie Vorsehung aus, Mary –, aber ich war nie sehr mutig, und ich habe nicht den Schneid, einen Scheck einzureichen, der mit diesem unheilvollen Namen unterschrieben ist. Das wäre bestimmt eine Falle. Der Mann hat versucht, mich zu fangen; irgendwie sind wir ihm entronnen; und jetzt versucht er es auf andere Weise. Wenn es Schecks sind …«

»Ach, Edward, es ist einfach furchtbar!« Sie hielt ihm die Schecks hin und brach in Tränen aus.

»Wirf sie ins Feuer, schnell! Wir dürfen uns nicht in Versuchung führen lassen. Das ist ein Trick, um auch uns vor aller Welt der Lächerlichkeit preiszugeben, und … Gib sie mir, wenn du es nicht fertigbringst!«

Er riß die Schecks an sich, hielt sie krampfhaft in der Hand fest und wollte mit ihnen stracks zum Ofen stürzen; aber er war ein Mensch, er war Kassierer, und er blieb einen Augenblick stehen, um die Unterschrift zu prüfen. Da fiel er fast in Ohnmacht.

»Fächele mich, Mary, fächele mich! Sie sind Gold wert!«

»Ach, wie schön, Edward! Wieso?«

»Von Harkness unterschrieben. Was kann da wohl dahinterstecken, Mary?«

»Edward, glaubst du …«

»Sieh doch – sieh doch nur! Fünfzehn – fünfzehn – fünfzehn – vierunddreißig. Achtunddreißigtausendfünfhundert! Mary, der Sack ist keine zwölf Dollar wert, und Harkness hat offenbar pari bezahlt.«

»Und was glaubst du, soll das alles uns gehören – nicht nur zehntausend?«

»Na, es sieht so aus. Und es sind sogar Barschecks.«

»Ist das gut, Edward? Was soll das heißen?«

»Wahrscheinlich soll es ein Wink sein, sie bei einer weit entfernten Bank einzulösen. Vielleicht will Harkness nicht, daß die Sache bekannt wird. Was ist das hier – ein Zettel?«

»Ja. Er lag bei den Schecks.«

Er zeigte »Stephensons« Handschrift, war aber nicht unterschrieben. Er lautete:

»Ich bin enttäuscht. Ihre Ehrlichkeit ist über alle Versuchungen erhaben. Ich nahm das Gegenteil an, aber ich habe Ihnen damit unrecht getan und bitte aufrichtig um Verzeihung. Ich achte Sie – ebenfalls aufrichtig. Diese Stadt ist es nicht wert, den Saum Ihres Gewandes zu küssen. Verehrter Herr, ich hatte mit mir selbst gewettet, daß es in Ihrer selbstgerechten Stadt neunzehn bestechliche Männer gebe. Ich habe verloren. Nehmen Sie den ganzen Einsatz, er steht Ihnen zu.«

Richards seufzte tief und sagte: »Es scheint mit Feuer geschrieben zu sein – so brennt es. Mary, mir ist wieder elend.«

»Mir auch. Ach, Liebster, ich wünschte ...«

»Sich das vorzustellen, Mary – er *glaubt* an mich.«

»Oh, nicht, Edward – ich kann es nicht ertragen.«

»Wenn ich diese schönen Worte verdient hätte, Mary – und Gott weiß, ich war früher ehrlich überzeugt, sie zu verdienen –, ich glaube, ich könnte die vierzigtausend Dollar dafür hingeben. Und ich würde diesen Zettel für immer aufbewahren, weil er mir mehr wert wäre als Gold und Juwelen. Nun aber ... Wir könnten nicht im Schatten seiner anklagenden Gegenwart leben, Mary.«

Er warf ihn ins Feuer. Ein Bote kam und brachte einen Umschlag. Richards entnahm ihm einen Brief und las; er war von Burgess.

Sie haben mich in schwerer Zeit gerettet. Ich rettete Sie gestern Abend. Es kostete mich eine Lüge, aber ich brachte das Opfer gern und aus dankbarem Herzen. Niemand in der Stadt weiß so genau wie ich, wie tapfer, gut und edel Sie sind. Im Grunde können Sie mich nicht achten, da Sie ja die Angelegenheit kennen, derenthalben mich die öffentliche Meinung verurteilt hat; aber bitte, glauben Sie wenigstens, daß ich ein dankbarer Mensch bin; das wird mir helfen, meine Bürde zu tragen.

Burgess

»Wieder einmal gerettet. Und unter solchen Bedingungen!« Er warf den Brief ins Feuer. »Ich – ich wünschte, ich wäre tot, Mary. Ich wünschte, ich wäre aus allem heraus.«

»Ach, das sind bittere, bittere Tage, Edward. Die Dolchstöße gehen so tief, eben weil die Großmut sie führt – und sie folgen einander so schnell!«

Drei Tage vor der Wahl fanden sich zweitausend Wähler plötzlich im Besitz eines begehrten Erinnerungsstückes – eines der berühmten falschen Goldstücke. Auf der einen Seite waren um den Rand herum folgende Worte eingeprägt: »DER SATZ, DEN ICH AN DEN ARMEN FREMDEN RICHTETE, LAUTETE –«. Auf der anderen Seite hieß die Umschrift: »GEHE HIN UND BESSERE DICH. (GEZEICHNET) PINKERTON«. Und so ergoß sich der ganze Bodensatz der Erinnerungen an den berüchtigten Streich über ein einziges Haupt, mit verheerender Wirkung. Noch einmal lebte das ungeheure Gelächter auf und konzentrierte sich auf Pinkerton; und Harkness' Wahlsieg war ein Kinderspiel.

Innerhalb von vierundzwanzig Stunden, nachdem die Richards ihre Schecks empfangen hatten, gab ihr Gewissen entmutigt den Kampf auf und beruhigte sich; die alten Eheleute lernten allmählich, sich mit der Sünde abzufinden, die sie begangen hatten. Aber jetzt sollten sie erfahren, daß eine Sünde neue und sehr reale Qualen hervorruft, wenn die Aussicht besteht, sie könnte entdeckt werden. Das verleiht ihr einen lebendigen, sehr bedeutsamen und schwerwiegenden Charakter. In der Kirche lief die Morgenpredigt nach dem gewohnten Muster ab; es waren die gleichen alten Dinge, in der gleichen alten Art vorgebracht; sie hatten sie tausendmal gehört und sie nichtssagend, fast bedeutungslos und eher einschläfernd gefunden; aber jetzt war es anders: Die Predigt schien von Anklagen zu strotzen; sie schien geradezu und ganz speziell auf Leute abgezielt, die Todsünden verheimlichten. Nach dem Gottesdienst entflohen sie, so schnell sie konnten, der beglückwünschenden Menge und eilten nach Hause, bis ins Mark erschauernd vor etwas Ungreifbarem – vagen, schattenhaften, unbestimmten Ängsten. Und zufällig sahen sie Mr. Burgess gerade noch um eine Ecke verschwinden. Er beachtete ihr Nicken nicht! Er hatte es gar nicht gesehen; doch das wußten sie nicht. Was hatte sein Benehmen zu bedeuten? Es konnte bedeuten – es konnte bedeuten – ach, ein Dutzend entsetzliche Dinge. Wußte er etwa, daß Richards damals die Möglichkeit besessen hätte, ihn zu entlasten, und hatte er stillschweigend eine Gelegenheit abgewartet, es ihm heimzuzahlen? Zu Hause kamen sie in ihrer Verzweiflung auf den Gedanken, ihr Dienstmädchen könnte im Nebenzimmer gelauscht haben, als Richards seiner Frau verriet, daß er von Burgess' Unschuld wußte; dann begann Richards sich einzubilden, daß er damals nebenan ein Kleid hatte rascheln hören; bald war er ganz sicher, es gehört zu haben. Sie riefen Sarah unter einem Vorwand herein und nahmen sich vor, auf ihr Gesicht zu achten. Sie stellten ihr ein paar Fragen – so ziellose, zusammenhanglose und offenbar sinnlose Fragen, daß das Mädchen überzeugt war, der Verstand der alten Leute habe unter ihrem plötzlichen Glück gelitten; der scharfe und wachsame Blick, mit dem sie sie anstarrten, erschreckte sie und gab ihr den Rest. Sie errötete, wurde nervös und kam aus der Fassung, und die alten Leute nahmen das als eindeutiges Zeichen der Schuld auf, irgendeiner besonders furchtbaren Schuld – ganz zweifellos war sie eine Spionin und Verräterin. Als sie wieder allein waren, begannen sie die verschiedensten nicht zusammengehörigen Dinge miteinander in Verbindung zu bringen, und das Ergebnis ihrer Kombinationen war entsetzlich. Als es gar nicht mehr schlimmer kommen konnte, schnappte Richards plötzlich nach Luft, und seine Frau fragte: »Ach, was ist denn, was ist denn?«

»Der Zettel, der Zettel von Burgess! Er war sarkastisch, das merke ich jetzt erst.« Er zitierte: »›Im Grunde können Sie mich nicht achten, da Sie ja die Angelegenheit kennen, derenthalben mich die öffentliche Meinung verurteilt hat.‹ Oh, jetzt ist mir das völlig klar, Gott helfe mir! Er weiß, daß ich weiß! Du siehst, wie raffiniert er das formuliert hat. Es war eine Falle, und wie ein Trottel bin ich hineingelaufen. Und, Mary ...«

»Ach, es ist furchtbar – ich weiß, was du sagen willst – er hat dir deinen Zettel mit dem Kontrollsatz nicht zurückgegeben.«

»Nein – er hat ihn behalten, um uns damit zu vernichten. Mary, er hat uns schon vor einigen Leuten bloßgestellt. Ich weiß es – ich weiß es genau. Ich habe es nach der Kirche in einem Dutzend Gesichtern gelesen. Ach, er wollte unser Nicken nicht erwidern – er wußte genau, was er getan hatte!«

In der Nacht wurde der Arzt gerufen. Am nächsten Morgen lief die Nachricht um, das alte Ehepaar sei ernstlich erkrankt – wie der Doktor sagte, entkräftet von den Anstrengungen und

Aufregungen im Gefolge ihres großen Glückes, von den Gratulationen und vom späten Schlafengehen. Die Stadt war ehrlich bekümmert; denn diese alten Leute waren so ungefähr alles, worauf man jetzt noch stolz sein konnte.

Zwei Tage später lauteten die Nachrichten noch schlechter. Die alten Eheleute lagen im Delirium und taten seltsame Dinge. Wie die Pflegerinnen berichteten, hatte Richards ihnen Schecks gezeigt – über achttausendfünfhundert Dollar? Nein, über die erstaunliche Summe von achtunddreißigtausendfünfhundert Dollar! Wie war dieses gigantische Glück nur zu erklären?

Am nächsten Tag brachten die Pflegerinnen weitere Nachrichten – unerhörte Nachrichten. Sie hatten beschlossen, die Schecks zu verstecken, um sie außer Gefahr zu bringen; als sie aber danach suchten, lagen sie nicht mehr unter dem Kissen des Patienten – waren einfach verschwunden. Der Kranke sagte:

»Laßt das Kissen in Ruhe; was wollt ihr denn?«

»Wir dachten, es wäre besser, wenn die Schecks …«

»Ihr werdet sie nie wieder sehen – sie sind vernichtet. Sie kamen von Satan. Ich sah die Zeichen der Hölle darauf und erkannte, daß sie gesandt waren, um mich der Sünde zu überliefern.« Dann begann er seltsame und furchtbare Sachen zu murmeln, die nicht klar verständlich waren und die sie für sich behalten sollten, wie der Arzt sie ermahnte.

Richards hatte recht; die Schecks wurden nie mehr gesehen. Eine Pflegerin muß wohl im Schlaf gesprochen haben, denn binnen zwei Tagen war das Geheimnis des Fiebergestammels des Alten stadtbekannt; und es erregte allgemeine Überraschung. Es schien darauf hinzudeuten, Richards selbst wäre

ein Anwärter auf den Sack gewesen, Burgess hätte diese Tatsache verschleiert und dann heimtückisch verraten.
Burgess wurde zur Rede gestellt und leugnete es strikt ab. Er sagte, es sei nicht fair, dem Geschwätz eines kranken, alten Mannes Gewicht beizumessen, der den Verstand verloren habe. Dennoch, der Verdacht lag in der Luft, und es gab viel Gerede.
Nach ein, zwei Tagen wurde berichtet, daß Mrs. Richards' irre Äußerungen denen ihres Mannes allmählich aufs Haar glichen. Der Verdacht wuchs sich nun zur Gewißheit aus, und der Stolz der Stadt auf die Lauterkeit ihres einzigen unbescholtenen bedeutenden Bürgers begann sich stark zu trüben und zu flackern, als sei er dem Verlöschen nahe.
Sechs Tage verstrichen, dann kamen neue Nachrichten. Das alte Paar lag im Sterben. Richards gewann in seiner letzten Stunde seine geistige Klarheit zurück, und er ließ Burgess holen.
Burgess sagte: »Lassen Sie das Zimmer räumen. Ich glaube, er möchte mir etwas unter vier Augen sagen.«
»Nein!« sagte Richards. »Ich wünsche Zeugen. Ich möchte, daß ihr alle mein Geständnis hört, damit ich wie ein Mann sterbe und nicht wie ein Hund. Ich war rein – so künstlich rein wie die anderen; und wie die anderen kam ich zu Fall, als die Versuchung an mich herantrat. Ich unterschrieb eine Lüge und erhob Anspruch auf den elenden Sack. Mr. Burgess erinnerte sich, daß ich ihm einen Dienst erwiesen hatte, und aus Dankbarkeit (und Unwissenheit) unterschlug er meinen Anspruch und rettete mich. Ihr wißt, was Burgess vor Jahren zur Last gelegt wurde. Mein Zeugnis, und nur meines, hätte ihn entlasten können, und ich war ein Feigling und überließ ihn der allgemeinen Verachtung ...«
»Nein, nein, Mr. Richards, Sie ...«

»Mein Dienstmädchen verriet ihm mein Geheimnis ...«
»Niemand hat mir etwas verraten ...«
»... und dann tat er etwas ganz Natürliches und Verständliches, er bereute den Liebesdienst, den er mir erwiesen hatte, und stellte mich bloß – wie ich es verdiente ...«
»Niemals! Ich schwöre ...«
»Von ganzem Herzen verzeihe ich ihm.«
Burgess' leidenschaftliche Beteuerungen fielen in taube Ohren; der Sterbende ging dahin, ohne zu wissen, daß er dem armen Burgess noch einmal Unrecht zugefügt hatte. Die alte Frau starb in derselben Nacht.
Der letzte der geheiligten neunzehn war dem teuflischen Sack zum Opfer gefallen; die Stadt war des letzten Fetzens ihres alten Ruhmes entblößt. Ihre Trauer wurde nicht zur Schau gestellt, aber tief empfunden.
Durch Regierungsbeschluß – nach vielen Bitten und Gesuchen – erhielt Hadleyburg die Erlaubnis, seinen Namen abzuändern (der Name tut nichts zur Sache – ich verrate ihn nicht) und ein Wort aus dem Wahlspruch fortzulassen, der viele Generationen lang das Stadtsiegel geziert hatte.
Es ist wieder eine redliche Stadt, und der Mann muß früh aufstehen, der sie noch einmal überrumpeln will.

DIE GESCHICHTE DES KALIFORNIERS

Es ist jetzt fünfunddreißig Jahre her, daß ich draußen auf dem Stanislaus nach Gold schürfte. Vom Morgen bis zum Abend zog ich mit Picke und Pfanne meines Weges, wusch hier und da einen Hutvoll Dreck – stets in der Hoffnung, einen großen Fund zu tun, und stets ohne Erfolg. Die Landschaft war herrlich – waldig, balsamisch und voller Reiz. Vor vielen Jahren war sie dicht bevölkert gewesen; doch nun waren die Leute längst fortgezogen, und es war einsam in diesen paradiesischen Gegenden. Sie waren fortgezogen, nachdem die oberflächliche Goldsuche keine Ausbeute mehr zeitigte. Wo einst eine geschäftige Kleinstadt mit Banken, Zeitungen, Feuerversicherungen, einem Bürgermeister und Stadtverordneten gewesen war, gab es jetzt nur noch eine weite Fläche smaragdgrünen Rasens, auf der nichts mehr erkennen ließ, daß hier einmal Leute gewohnt hatten. Es war in der Umgebung von Tuttletown. Am Rande der staubigen Straßen in der ländlichen Nachbarschaft fand man dann und wann hübsche kleine Wohnhäuser, bequem und anheimelnd, aber so dicht mit Weinlaub überzogen und von weißen Rosen beschneit, daß Türen und Fenster dem Blick völlig entzogen waren – woran man sah, daß es sich um verlassene Häuser handelte, vor Jahr und Tag aufgegeben von geschlagenen und enttäuschten Familien, die sie weder verkaufen noch verschenken konnten. Hin und wieder, ungefähr alle halbe Stunde, passierte man eine einsame Blockhütte aus den Anfängen der Goldgräberzeit, von den ersten Prospektoren errichtet, den Vorgängern der Hausbauer. In einigen wenigen Fällen waren diese Hütten noch bewohnt; war es so, dann konnte man sicher sein, daß es sich bei dem Bewohner noch um den gleichen Pionier handelte, der die Hütte gebaut hatte. Und noch eines anderen Umstandes durfte man sicher sein – daß er dort wohnte, weil er einst die gebotene Möglichkeit, reich zu werden und in die Staaten zurückzukehren, nicht genutzt hatte; weil er seinen Reichtum verloren und danach beschlossen hatte, alle Brücken zu Verwandten und Freunden in der Heimat abzubrechen und hinfort für sie tot zu sein. Es gab in Kalifornien damals eine Menge dieser lebenden Toten – an ihrem Stolz gescheiterte arme Kerle, schon mit vierzig alt und ergraut, deren verborgene Gedanken nur aus Bedauern und Sehnsucht bestanden – sie bedauerten ihr vertanes Leben und sehnten sich danach, die Plage des Lebens hinter sich zu bringen und mit allem fertig zu sein.

Es war ein einsames Land! In der ganzen friedlichen Weite aus Prärie und Wald kein Laut außer dem müden Summen der Insekten; keine Spur von Menschen oder Tieren; nichts, das einem half, sich die gute Laune und die Freude am Leben zu bewahren. So stieg, als ich am frühen Nachmittag endlich einen Menschen zu Gesicht bekam, ein Gefühl der Dankbarkeit in mir auf. Es war ein Mann von ungefähr fünfundvierzig Jahren; er stand an der Tür eines jener kleinen, behaglichen, von Rosen umrankten Häuser, von denen ich schon erzählte. Doch dieses Haus wirkte keineswegs verlassen; es sah aus, als wäre es bewohnt und würde mit aller Sorgfalt gehegt und gepflegt. Den gleichen Eindruck machte der Vorplatz, ein Garten voll bunter, blühender Blumen. Natürlich wurde ich hineingebeten und aufgefordert, zu tun, als sei ich zu Hause – das war in diesem Lande so üblich.

Es war herrlich, ein solches Haus zu betreten, zumindest nach den langen Wochen täglicher und nächtlicher Vertrautheit mit Goldgräberhütten und allem, was zu ihnen gehört – den schmutzigen Fußböden, den ständig ungemachten Betten, den Blechtellern und -tassen, den Bohnen mit Speck, dem schwarzen Kaffee und der gänzlichen Schmucklosigkeit, abgesehen von den an die Holzwände gehefteten Kriegsbildern aus den illustrierten Zeitschriften des Ostens. Alles in allem war es eine harte, freudlose, fühllose Ödnis – und nun gab es hier ein Nest voller Dinge, auf denen das müde Auge Ruhe findet und die jenem Etwas in unserer Brust aufhelfen, das nach langem Fasten wieder auf Erzeugnisse menschlicher Kunstfertigkeit stößt – mögen sie auch noch so billig und bescheiden sein – und sogleich gewahr wird, daß es, freilich ohne es zu bemerken, dem Verhungern nahe war, und daß es nun Nahrung gefunden hat. Nie hätte ich geglaubt, daß ein Flickenteppich mich so entzücken und zufriedenstellen könnte; daß ein solcher Trost in einer Tapete und gerahmten Lithographien verborgen sei, in leuchtendbunten Zierdeckchen und Lampenschirmen, in Windsor-Stühlen und lackierten Etageren, auf denen sich Muscheln, Bücher und Porzellanvasen fanden, in der Fülle kleiner, kaum bestimmbarer Besonderheiten, die nur die Hand einer Frau in einem Hause zustandebringt – man entdeckt sie, ohne im Grunde Notiz von ihnen zu nehmen, aber man würde sie vermissen, sobald sie fehlen. Das Entzücken meines Herzens spiegelte sich in meinem Gesicht, und der Mann sah es und war erfreut darüber; er sah es so deutlich, daß er darauf antwortete, als hätte ich es ausgesprochen. »Das ist ihre Arbeit«, sagte er liebevoll, »sie hat alles selbst gemacht – jede Kleinigkeit« – und er durchmaß den Raum mit einem Blick voll herzlicher Zuneigung. Eines dieser zarten japanischen Gewebe, die unsere Frauen mit sorgfältiger Lässigkeit über die Oberkante von Bilderrahmen zu drapieren pflegen, war verrutscht. Er bemerkte es und brachte es mit aller Bedachtsamkeit wieder in die richtige Lage – mehrmals trat er zurück, um die Wirkung zu prüfen, bis er es so hingezirkelt hatte, daß es ihm gefiel. Dann strich er noch ein- oder zweimal leicht mit der Hand darüber und sagte: »Das machte sie auch immer so. Man weiß nie, was noch fehlt, aber bevor man es nicht getan hat, fehlt es eben – hernach sieht man es, aber mehr kriegt man nicht heraus, man kommt einfach nicht hinter die Regel. Es mag daßelbe sein, wenn eine Mutter nach dem Kämmen und Bürsten noch einmal über das Haar ihres Kindes streicht, meine ich. Ich habe so oft gesehen, wie sie alles hier in Ordnung brachte, daß ich es nachmachen kann – aber die Regel habe ich noch nicht herausgefunden. Sie kennt die Regel – sie weiß, wie man's macht, aber auch, warum. Mir ist das Warum noch nicht klargeworden – ich weiß nur, wie ich es machen muß.«

Damit ich mir die Hände waschen konnte, führte er mich in ein Schlafzimmer – ein Schlafzimmer, wie ich es seit Jahren nicht mehr gesehen hatte: weiße Bettdecken, weiße Kopfkissen, ein Teppich auf dem Fußboden, Tapeten an den Wänden, Bilder, ein Ankleidetisch mit Spiegel, Nadelkissen und hübschen Toilettensachen; in der Ecke ein Waschtisch mit Krug und Schüssel aus richtigem Porzellan, Seife in einer Porzellanschale, mehr als ein Dutzend Handtücher an einem Halter – Handtücher, für einen Menschen, der an dergleichen nicht mehr gewöhnt ist, viel zu weiß und sauber, als daß er sie ohne das Gefühl, ein Sakrileg zu begehen, hätte benutzen können. Wieder verriet meine Miene, was ich dachte, und er erwiderte dankbar:

»Alles ihre Arbeit – sie hat alles selbst gemacht, jedes einzelne Stück. Hier gibt es einfach nichts, das sie nicht in der Hand gehabt hätte. Nun glauben Sie vielleicht … – aber ich sollte nicht so viel reden.«

Inzwischen trocknete ich mir die Hände und ließ meine Augen von einem Gegenstand im Zimmer zum nächsten wandern, wie man es gewöhnlich in neuer Umgebung tut, wenn alles, was man erblickt, ein Labsal für Augen und Sinne ist; und auf irgendeine unerklärbare Art wurde mir klar, daß etwas im Raum sein mußte, von dem der Mann wünschte, daß ich es ohne sein Zutun entdeckte. Ich war meiner Sache völlig sicher und spürte, daß er mir mit den Augen zu helfen versuchte; ich gab mir alle Mühe, die rechte Spur zu finden, denn mir lag daran, ihn zufriedenzustellen. Mehrmals blieb mir der Erfolg versagt, wie ich mit einem Seitenblick feststellen konnte, ohne daß er es mir zu sagen brauchte; endlich wußte ich, daß ich den Gegenstand, um den es sich drehte, direkt ansah – die Freude, die in unsichtbaren Wellen von ihm ausging, verriet es mir. Er strahlte vor Glück, rieb sich die Hände und rief: »Also doch! Sie haben es gefunden! Ich wußte, daß Sie es entdecken würden – es ist ihr Bild.«

Ich trat zu der kleinen, schwarzen Walnuß-Konsole, die mir gegenüber an der Wand hing, und fand, was ich zuvor nicht bemerkt hatte – eine gerahmte Daguerreotypie: das entzückendste und, wie ich meine, auch schönste Mädchengesicht, das mir je begegnet war. Der Mann genoß die Bewunderung, die meine Miene ihm verriet, und zeigte sich aufs höchste befriedigt.

»Neunzehn an ihrem letzten Geburtstag«, sagte er und stellte das Bild wieder zurück, »und das war unser Hochzeitstag. Wenn Sie sie sehen – ach warten Sie nur, bis Sie ihr gegenüberstehen.«

»Wo ist sie denn? Wann wird sie hier sein?«

»Im Augenblick ist sie zu Besuch bei ihrer Familie vierzig oder fünfzig Meilen von hier. Sie ist heute gerade zwei Wochen fort.«

»Und wann, meinen Sie, kommt sie zurück?«

»Heute ist Mittwoch. Sie wird am Samstagabend zurückkommen – so gegen neun Uhr.«

Ich spürte, wie mich ein heftiges Gefühl der Enttäuschung ergriff.

»Das ist schade, denn dann werde ich nicht mehr hier sein«, sagte ich bedauernd.

»Nicht mehr hier? Aber warum wollen Sie denn fort? Sie wäre gewiß enttäuscht, wenn Sie nicht blieben.«

Sie wäre enttäuscht – dieses bildschöne Geschöpf! Hätte sie selbst diese Worte ausgesprochen, ich hätte mich kaum mehr darüber freuen können. In mir stieg ein tiefes, starkes Verlangen auf, sie zu sehen – ein so inständiges, so unabweisbares Verlangen, daß mir angst wurde. Ich sagte mir: »Am besten verläßt du das Haus auf der Stelle, wenn dir der Friede deiner Seele lieb ist.«

»Sie mag es eben gern, wissen Sie, wenn Leute kommen und bei uns bleiben – Leute, die etwas von der Welt gesehen haben und erzählen können – Leute wie Sie. Sie freut sich darüber, weil sie sich auch in fast allen Dingen auskennt und reden kann wie ein Vogel. Und dann die Bücher, die sie liest – Sie würden sich wundern! Bleiben Sie doch – sehen Sie, es dauert ja nicht mehr lange, und sie würde so enttäuscht sein.«

Ich hörte zwar die Worte, aber ich begriff sie kaum – so tief war ich in Gedanken und Sorgen versunken. Er verließ mich, aber ich bemerkte es nicht. Dann stand er wieder vor mir, das Bild in der Hand; er hielt es mir entgegen und sagte:

»Hier – sagen Sie es ihr nur ins Gesicht, daß Sie hätten bleiben können, um sie kennenzulernen – und daß Sie es nicht wollten.«
Der zweite Blick auf das Bild brachte alle meine guten Vorsätze ins Wanken. Ich beschloß zu bleiben, komme, was da wolle. Wir verbrachten den Abend in Ruhe, rauchten unsere Pfeifen und redeten über alle möglichen Dinge, vor allem aber über sie. Kein Zweifel – so angenehme, friedliche Stunden hatte ich schon seit langem nicht mehr erlebt. Der Donnerstag brach an und verstrich in aller Behaglichkeit. Gegen Abend erschien ein riesiger Goldgräber, der ungefähr drei Meilen entfernt lebte – einer der ergrauten, gestrandeten Pioniere. Die herzlichen Worte, mit denen er uns begrüßte, waren ernst und nüchtern. Schließlich sagte er:
»Eigentlich komme ich nur vorbei, um nach der kleinen Frau zu fragen und wann sie zurückkommt. Hast du Nachricht von ihr?«
»Gewiß doch, einen Brief. Möchtest du hören, was sie schreibt, Tom?«
»Nun, Henry – wenn es dir nichts ausmacht, gerne.« Henry zog das Blatt aus seiner Brieftasche. Wenn es uns recht wäre, sagte er, würde er gern einige ganz private Stellen weglassen; dann begann er, den Hauptteil vorzulesen – ein stilles, liebevolles, aber durch und durch reizendes und anmutiges Schreiben, dessen Postskriptum viele herzliche Grüße und Nachrichten für Tom, Joe, Charley und andere Nachbarn oder gute Freunde enthielt.
Als er den Brief gelesen hatte, sah er Tom an und rief:
»Ach, da haben wir es wieder! Nimm die Hände herunter und laß mich deine Augen sehen. Das tust du jedesmal, wenn ich

einen Brief von ihr vorlese! Ich werde ihr schreiben; ich verrate es ihr!«

»Nein, Henry, das darfst du nicht tun! Du weißt, ich werde alt – schon bei der kleinsten Enttäuschung möchte ich weinen. Ich hatte geglaubt, sie wäre selber hier – und nun hast du nur einen Brief!«

»Aber wer hat dir denn das in den Kopf gesetzt? Ich glaubte, alle wüßten, daß sie nicht vor Samstag kommt!«

»Natürlich, Samstag! Wenn ich darüber nachdenke, ist mir klar, daß ich es gewußt habe. Möchte doch wissen, was in letzter Zeit mit mir los ist. Sicher wußte ich das – schließlich warten wir doch alle auf sie. Aber ich muß jetzt gehen. Wenn sie kommt, Alter, bin ich natürlich zur Stelle!«

Spät am Freitagabend kam noch ein anderer ergrauter Veteran von seiner Hütte, die etwa eine Meile entfernt lag, herüber. Er sagte, daß die Boys sich am Samstag gern einen netten, vergnügten Abend machen würden – wenn Henry nicht meinte, daß sie nach der Reise zu müde wäre, um so lange wachzubleiben.

»Müde? Sie und müde? Man höre sich das an! Joe, du solltest wissen, daß sie sechs Wochen wachbleiben würde, um euch eine Freude zu machen!«

Als Joe erfuhr, daß ein Brief angekommen war, bat er Henry, ihn vorzulesen; die herzlichen Grüße, die für ihn darinstanden, warfen den alten Mann um – er entschuldigte sich damit, daß er ein altes Wrack sei und daß ihm dergleichen schon passiere, wenn sie nur seinen Namen erwähnte. »Gott, sie fehlt uns eben«, setzte er hinzu.

Am Samstagnachmittag fiel mir auf, daß ich reichlich oft auf die Uhr sah. Henry bemerkte es gleichfalls und sagte mit einem erschrockenen Blick:

»Sie meinen doch nicht, daß sie schon so früh hier sein sollte?« Ich fühlte mich ertappt, eine leichte Verlegenheit beschlich mich; doch dann erklärte ich lachend, es sei eine alte Gewohnheit, wenn ich auf irgend etwas wartete. Die Erklärung schien ihn nicht völlig zu befriedigen; er begann von diesem Moment an, sichtlich unruhig zu werden. Viermal ging er, von mir begleitet, die Straße entlang bis zu einer Stelle, an der man einen weiten Ausblick hatte; dort blieb er stehen, beschattete die Augen mit der Hand und hielt Ausschau. Mehrmals sagte er:

»Ich fange an, mir Sorgen zu machen – ernsthafte Sorgen. Natürlich weiß ich, daß sie erst gegen neun Uhr kommen wollte, aber ich habe so ein unbestimmtes Gefühl, als könnte etwas passiert sein. Sie glauben doch nicht etwa auch, daß etwas passiert sein könnte?«

Allmählich begann ich mich um seines kindlichen Gebarens willen für ihn zu schämen; und als er die Frage nochmals in eindringlichem Ton wiederholte, verlor ich für einen Augenblick die Geduld und sagte ihm Grobheiten. Sie schienen ihn einzuschüchtern – er sank in sich zusammen und sah so verletzt und gedemütigt aus, daß ich mich selbst verabscheute, weil ich ohne jeden Anlaß so grausam gewesen war. Ich war einigermaßen erleichtert, als gegen Abend Charley, ein weiterer Veteran, auftauchte – er brachte Henry dazu, ihm den Brief nochmals vorzulesen, und beriet mit ihm, was man zur Begrüßung unternehmen sollte. Charley brachte eine tröstliche Überlegung nach der anderen vor und tat sein Bestes, die Befürchtungen und Vorahnungen seines Freundes zu verscheuchen.

»Ausgerechnet ihr sollte etwas passiert sein? Aber Henry, das ist doch blanker Unsinn! Du brauchst dir keine Sorgen zu machen – ihr passiert ganz gewiß nichts. Was stand denn in ihrem Brief? Sie schreibt doch, es ginge ihr gut, oder? Und daß sie gegen neun Uhr hier sein würde, nicht wahr? Hast du denn schon einmal erlebt, daß sie nicht Wort gehalten hätte? Du weißt genau, daß dergleichen noch nie vorgekommen ist. Also mach dir keine Gedanken – sie kommt; das ist so sicher, wie nur irgend etwas sicher sein kann. Und nun komm, wir müssen das Haus ausschmücken – wir haben nicht mehr viel Zeit.«

Bald darauf trafen Tom und Joe ein, und alle machten sich daran, das Haus mit Blumen zu schmücken. Gegen neun Uhr sagten die drei Männer, wenn sie schon einmal ihre Instrumente mitgebracht hätten, könnten sie ebensogut auch schon mit dem Stimmen anfangen – die Boys und die Mädchen würden nun bald kommen und Lust haben, auf die gute, alte Art zu tanzen. Eine Geige, ein Banjo und eine Klarinette – das waren die Instrumente. Die drei ließen sich nebeneinander nieder und begannen, lärmende Tanzmusik zu spielen und mit ihren großen Stiefeln den Takt dazu zu stampfen.

Inzwischen war es bald neun Uhr geworden. Henry stand an der Tür und schaute die Straße entlang; die Not seiner Seele ließ seinen Körper unsicher schwanken. Schon mehrmals hatte man ihn auf die Gesundheit und Sicherheit seiner Frau trinken lassen, und nun rief Tom:

»Alle Mann an Deck! Noch ein Glas, und dann ist sie hier!«

Joe brachte die Gläser auf einem Tablett und bediente die Gäste. Doch als ich die Hand nach einem der beiden Gläser ausstreckte, die übriggeblieben waren, knurrte Joe verstohlen:

»Nicht das! Nehmen Sie das andere.«

Ich folgte der Aufforderung. Henry erhielt das letzte Glas. Kaum hatte er es geleert, begann die Uhr zu schlagen. Er

horchte, bis ihr Schlag verklungen war; dann entfärbte sich sein Gesicht, und er sagte:
»Boys, mir ist schlecht vor Angst. Helft mir – ich möchte mich hinlegen.«
Sie halfen ihm auf das Sofa. Er begann einzudämmern. Doch plötzlich sprach er – wie jemand, der im Schlaf redet: »Das waren doch Huftritte? Sind sie angekommen?«
Dicht an seinem Ohr erwiderte einer der Männer: »Das war Jimmy Parrish. Er wollte nur ausrichten, daß sie aufgehalten wurden; aber sie sind schon auf der Straße. Ihr Pferd lahmt; in einer halben Stunde ist sie hier.«
»Ach – ich bin so dankbar, daß nichts passiert ist!«
Er hatte die Worte noch nicht ausgesprochen, da schlief er auch schon. Binnen weniger Augenblicke hatten die Männer ihn mit geschickten Griffen entkleidet und in dem Zimmer, in dem ich mir die Hände gewaschen hatte, zu Bett gebracht. Sie schlossen die Tür und kamen zurück. Doch dann sah es so aus, als wollten sie aufbrechen, und ich sagte: »Bitte, meine Herren, gehen Sie noch nicht; ich bin fremd hier – sie kennt mich nicht.«
Sie warfen einander Blicke zu. Endlich sagte Joe:
»Sie? – Die Arme! Sie ist seit neunzehn Jahren tot.«
»Tot?«
»Ja. Oder noch Schlimmeres. Sie ist ein halbes Jahr nach ihrer Hochzeit zu Verwandten gefahren und auf dem Rückweg, fünf Meilen von hier, von Indianern verschleppt worden. Das war an einem Samstagabend. Wir haben nie wieder etwas von ihr gehört.«
»Und er hat hinterher den Verstand verloren?«
»Er ist seit damals keine Stunde mehr normal gewesen. Aber regelrecht schlimm wird es nur, wenn diese Jahreszeit kommt. Dann sehen wir nach ihm – drei Tage vor Samstag – machen

ihm Mut und fragen, ob er von ihr gehört hat. Am Samstag selbst kommen wir dann alle, schmücken das Haus mit Blumen und bereiten alles für die Willkommensfeier vor. Das machen wir nun schon seit neunzehn Jahren – Jahr für Jahr. Damals, am ersten Samstag, waren wir siebenundzwanzig, die Mädchen nicht gerechnet. Jetzt sind wir nur noch drei, und die Mädchen sind sämtlich fort. Wir geben ihm ein Schlafmittel, sonst würde er tobsüchtig; danach geht es dann wieder für ein Jahr. Bis die letzten drei oder vier Tage kommen, glaubt er, sie wäre bei ihm; dann fängt er an, auf sie zu warten, holt seinen armseligen alten Brief hervor, und wir kommen, damit er ihn vorlesen kann. – Aber bei Gott, sie war wirklich ein reizendes Geschöpf!«

ROMANZE EINES ESKIMOMÄDCHENS

»Ja, Mr. Twain, ich erzähle Ihnen gern alles aus meinem Leben, was Sie wissen möchten«, sagte sie mit ihrer sanften Stimme, und ihre redlichen Augen musterten freundschaftlich mein Gesicht, »denn ich finde es gut und lieb von Ihnen, daß Sie mich leiden mögen und daß Ihnen daran liegt, etwas über mich zu erfahren.«

Achtlos hatte sie sich mit einem kleinen Knochenmesser Walfischfett von den Wangen geschabt, es an ihrem Pelzärmel abgewischt und dabei das Nordlicht beobachtet, dessen streifige Flammen sich am Himmel emporschwangen und die einsamen Schneefelder, die ragenden Eisberge mit allen Farben des Regenbogens übergossen – ein Anblick von nahezu atemberaubender Pracht und Schönheit; doch nun löste sie sich aus ihren Träumen und schickte sich an, mir die bescheidene kleine Geschichte zu erzählen, um die ich sie gebeten hatte.

Sie machte es sich auf dem Eisblock, der uns als Sofa diente, bequem, und ich bereitete mich aufs Zuhören vor.

Vom Standpunkt der Eskimos aus war sie ein hübsches Geschöpf; andere Leute hätten sie vielleicht für ein wenig zu plump gehalten. Gerade zwanzig Jahre alt, galt sie als das weitaus bezauberndste Mädchen ihres Stammes. Selbst jetzt, unter freiem Himmel, in dem ungefügen, formlosen Pelzmantel, den Hosen, den Stiefeln und der großen Kapuze, sah man zumindest ihr reizvolles Gesicht; was ihre Figur betraf, war man freilich auf Treu und Glauben angewiesen.

An ihres Vaters gastfreier Tafel hatte ich unter allen Gästen, die kamen und gingen, kein Mädchen gesehen, das ihr ebenbürtig gewesen wäre. Und dennoch war sie keineswegs verzogen – sie gab sich natürlich und heiter; und wenn ihr auch aufgegangen sein mochte, daß sie eine Schönheit war, so wies doch nichts in ihrem Verhalten darauf hin, daß sie diese Kenntnis besaß. Seit nunmehr einer Woche war sie meine tägliche Gefährtin, und je näher ich sie kennenlernte, desto besser gefiel sie mir. Sie war mit Liebe und Sorgfalt in einer für die Polargebiete ungewöhnlich gebildeten Umgebung erzogen worden; ihr Vater war der bedeutendste Mann seines Stammes und zählte zur Oberschicht der Eskimo-Zivilisation. Ich hatte mit Laska – so lautete ihr Name – mit dem Hundeschlitten weite Fahrten durch die gewaltigen Eiswüsten unternommen und dabei ihre Gesellschaft und Unterhaltung stets als angenehm empfunden. Ich war mit ihr fischen gegangen – freilich nicht in ihrem gefährlichen Boot; ich folgte ihr auf dem Eis und beobachtete, wie sie ihre Beute mit tödlich zielsicherer Harpune erlegte. Gemeinsam waren wir zum Robbenfang ausgezogen; mehrmals hatte ich zugesehen, wie sie mit ihrer Familie einen gestrandeten Wal abspeckte, und einmal hatte ich sie ein Stück Weges auf die Bärenjagd begleitet, war jedoch vorzeitig umgekehrt, weil ich mich im Grunde meines Herzens vor Bären fürchte. Doch nun war sie bereit, mit ihrer Geschichte zu beginnen; dies ist ihre Erzählung:

»Wie die anderen Stämme wanderte auch der unsere früher ständig über das Eis des Meeres von einem Ort zum anderen. Aber vor ungefähr zwei Jahren wurde mein Vater des Umherziehens müde; er errichtete aus fest gefrorenen Schneeblöcken dieses große Haus – schauen Sie es nur an: Es ist sieben Fuß hoch und drei- oder viermal so lang wie jedes andere. Und seither leben wir hier. Er hat allen Grund, sehr stolz auf dieses Haus zu sein; wenn Sie es sich genau angesehen haben, ist Ihnen gewiß aufgefallen, um wieviel schöner und vollständiger es eingerichtet ist als gewöhnliche Häuser. Wenn Sie es noch nicht besichtigt haben, so müßten Sie es nachholen – Sie werden sehen, daß seine Bequemlichkeit und Ausstattung das Maß des üblichen weit überschreitet. Die erhöhte Estrade zum Beispiel, auf der sich die Gäste und die Familie an dem Ende des Hauses, das Sie das Wohnzimmer nannten, zu den Mahlzeiten versammeln – sie ist doch die größte, die Sie je in einem Hause gesehen haben, nicht wahr?«

»Aber gewiß doch, Laska, es ist die größte – in den Vereinigten Staaten haben wir selbst in den vornehmsten Häusern nichts, das mit ihr zu vergleichen wäre.« Das Zugeständnis ließ ihre Augen vor Stolz und Freude aufleuchten; ich bemerkte es und beschloß, mich danach zu richten.

»Ich dachte mir, daß Sie davon überrascht sein würden«, sagte sie. »Aber das ist noch nicht alles: Sie ist nämlich viel dicker mit Fellen belegt als üblich – mit allen möglichen Pelzarten: Robbe, Seeotter, Silberfuchs, Bär, Marder, Zobel, und alle liegen durcheinander. Und von den aus Eisblöcken aufgeschichteten Schlafbänken an den Wänden, die Sie ›Betten‹ nennen, gilt genau das gleiche. Sind Ihre Estraden und Schlafbänke zu Hause etwa besser ausgestattet?«

»Ganz gewiß nicht, Laska – nicht einmal annähernd so gut.« Das machte ihr abermals Freude. Woran sie dachte, war allein die Zahl der Pelze, die den Vorrat ihres schönheitsliebenden Vaters ausmachten – nicht ihr Wert. Ich hätte ihr sagen können, daß diese Mengen kostbarer Felle Reichtum bedeuteten, zumindest in meiner Heimat – sie hätte es nicht verstanden: Das waren nicht die Dinge, die bei ihrem Volk als Reichtümer galten. Ich hätte ihr sagen können, daß die Kleider, die sie trug – oder auch nur die Alltagskleider der einfachsten Leute ihrer Umgebung – zwölf- bis fünfzehnhundert gute Dollars wert waren, und daß mir daheim noch niemand begegnet war, der in Zwölfhundert-Dollar-Toiletten zum Fischen ging; aber sie hätte es nicht begriffen, und so schwieg ich davon. Sie fuhr fort:

»Und dann erst die Spülichtkübel! Wir haben zwei im Wohnzimmer und noch zwei im übrigen Haus. Es kommt wirklich nicht oft vor, daß jemand zwei im Wohnzimmer hat. Haben Sie zu Hause zwei im Wohnzimmer?«

Die Erinnerung an diese Kübel ließ mich tief Luft holen; aber ich erholte mich, bevor sie es bemerkt hatte, und erwiderte begeistert:

»Nun, Laska – es ist nicht schön von mir, meine Heimat so bloßzustellen, und du darfst es auch nicht weitererzählen, denn ich sage es dir im Vertrauen; aber ich gebe dir mein Ehrenwort darauf, daß nicht einmal der reichste Mann von ganz New York zwei Spülichtkübel in seinem Wohnzimmer hat.«

Sie schlug vor unschuldigem Entzücken ihre pelzbekleideten Hände zusammen und rief:

»Aber das ist doch nicht möglich, das kann doch nicht Ihr Ernst sein!«

»Doch, es ist tatsächlich wahr. Nehmen wir Mr. Vanderbilt – er ist nahezu der reichste Mann auf der ganzen Welt. Noch auf meinem Sterbebett könnte ich dir versichern, daß sogar er keine zwei Spülichtkübel in seinem Wohnzimmer hat. Er hat nicht einmal einen darin – ich will auf der Stelle tot umfallen, wenn ich nicht die Wahrheit sage.«

Ihre hübschen Augen weiteten sich vor Erstaunen, und mit einem Unterton von Ehrfurcht in der Stimme sagte sie langsam:

»Wie merkwürdig – fast unglaublich! Man kann es sich einfach nicht vorstellen! Ist er denn geizig?«

»Nein, das ist es nicht. Nicht, daß er die Kosten scheuen würde, sondern – ja – nun, weißt du, es sähe aus, als wollte er sich großtun. Ja, das ist es – so ist es gemeint; er ist eben auf seine Art ein sehr einfacher Mann und mag den Prunk nicht.«
»Gegen diese Art von Bescheidenheit ist eigentlich nichts einzuwenden«, sagte Laska, »wenn man sie nicht zu weit treibt. – Aber wie sieht es dann nur bei ihm aus?«
»Nun, gewiß, es wirkt recht kahl und unfertig, aber ...«
»Das will ich meinen! – So etwas habe ich noch nie gehört. Ist es denn ein gutes Haus – ich meine sonst?«
»Oh, durchaus. Es ist sehr schön eingerichtet.«
Das Mädchen schwieg eine Weile und nagte verträumt an einem Kerzenstumpf. Offenbar versuchte es, sich das Ganze vorzustellen. Schließlich warf es den Kopf hoch und gab seiner Ansicht mit aller Entschiedenheit Ausdruck:
»Also, ich finde ja, es gibt eine Art von Bescheidenheit, die im Kern daßelbe ist wie Großtuerei. Wenn ein Mann sich zwei Spülichtkübel in seinem Wohnzimmer leisten kann und tut es nicht, dann mag er vielleicht bescheiden sein – aber es ist hundertmal wahrscheinlicher, daß er nur versucht, Aufsehen zu erregen. Soweit ich das beurteilen kann, weiß Ihr Mr. Vanderbilt ganz gut, was er will.«
Ich bemühte mich, dieses Urteil zu entkräften, denn ich hatte das Gefühl, es wäre ungerecht, jedermann nach dem Besitz zweier Spülichtkübel einzuschätzen, wenn dieser Maßstab auch in der Heimat des Mädchens Gültigkeit besaß; aber ihre Ansicht stand nun einmal fest, und sie ließ sich nicht davon abbringen. Endlich fragte sie:
»Haben die reichen Leute bei Ihnen auch so schöne Schlafbänke wie wir? Und sind sie aus ebenso fehlerlosen, breiten Eisblöcken gemacht?«

»Nun, sie sind recht schön – sie sind schön genug; aber aus Eisblöcken bestehen sie nicht.«

»Oh – das muß ich genau wissen! Weshalb bestehen sie nicht aus Eisblöcken?«

Ich berichtete von den Schwierigkeiten, die es verhinderten, und von der Kostspieligkeit des Eises in einem Lande, in dem man seinen Eismann scharf im Auge behalten muß, wenn die Eisrechnung nachher nicht mehr Gewicht haben soll als das Eis, und sie rief:

»Was nicht gar – Sie kaufen Ihr Eis?«

»Aber gewiß tun wir das.«

Sie brach in ein stürmisches, argloses Gelächter aus und sagte:

»Oh – etwas so Albernes habe ich wirklich noch nie gehört! Davon gibt es doch so unendlich viel, daß es überhaupt nichts wert ist. Gerade hier vor uns, hundert Meilen weit – ich gäbe für all dieses Eis nicht eine einzige Fischblase!«

»Das liegt nur daran, daß ihr es nicht richtig einzuschätzen wißt – ihr lebt eben ein wenig hinter dem Mond. Wenn ihr es im Hochsommer nach New York brächtet, könntet ihr alle Walfische kaufen, die auf dem Markt sind.«

Sie warf mir einen ungläubigen Blick zu und fragte:

»Ist das wahr?«

»Vollkommen wahr – ich kann es beschwören.« Das ließ sie nachdenklich werden. Schließlich sagte sie mit einem leisen Seufzer:

»Ach, ich wollte, ich wäre dort zu Hause!«

Meine Absicht war lediglich, ihr ein Wertmaß an die Hand zu geben, das sie verstehen konnte – aber sie war fehlgeschlagen. Sie hatte einzig begriffen, daß es in New York reichlich und billig Wale gäbe – und danach lief ihr nun das Wasser im Munde zusammen. Ich mußte unbedingt versuchen, das angerichtete Unheil abzuschwächen, und so sagte ich:

»Aber wenn du dort wärst, würdest du dir nichts aus Walfleisch machen. Das tut niemand dort.«
»Wie?«
»Tatsächlich – kein Mensch mag es.«
»Ja, weshalb denn nicht?«
»Oh, das weiß ich selbst nicht genau. Wahrscheinlich ist es nur ein Vorurteil; ja, das wird es sein – ein pures Vorurteil. Irgendwann einmal mag jemand, der gerade nichts Besseres zu tun hatte, dieses Vorurteil in die Welt gesetzt haben. Und wenn sich eine solche Laune erst einmal ausgebreitet hat, dann nimmt es so bald kein Ende damit.«
»Das ist richtig – völlig richtig«, sagte das Mädchen nachdenklich. »Mit unserem Vorurteil gegen Seife war es daßelbe. Sie müssen wissen, zu Anfang waren unsere Leute hier gegen Seife sehr voreingenommen.«
Ich warf ihr einen Blick zu, um zu ergründen, ob es ihr Ernst wäre. Offenbar war es ihr Ernst. Ich zögerte trotzdem, bevor ich behutsam fragte:
»Ja, bitte – sie hatten ein Vorurteil gegen Seife? Sie hatten …?« – mit fallender Betonung.
»Ja – aber das war nur in der ersten Zeit so; niemand mochte sie essen.«
»Oh – ja, ich verstehe; ich hatte zuerst nicht recht begriffen, was du meintest.«
Sie nahm den Faden wieder auf:
»Aber es war wirklich nur ein Vorurteil. Als die Fremden zum ersten Mal Seife mitbrachten, mochte sie niemand; nachdem sie dann in Mode gekommen war, mochte sie jeder; und heute hat sie, wer sie sich eben leisten kann. Mögen Sie Seife?«
»Aber natürlich! Ich verginge, wenn ich keine hätte – besonders hier! – Magst du sie auch?«

»Oh, ich schwärme geradezu dafür! – Mögen Sie Kerzen?«
»Ich halte sie für lebensnotwendig. Magst du sie?«
Ihre Augen funkelten vor Entzücken; sie rief aus:
»Bitte, reden Sie nicht davon! Kerzen! – Und Seife ...!«
»Und Fischeingeweide ...!«
»Und Dorschtran ...!«
»Und Robbenschmer ...!«
»Und Walfischfett ...!«
»Und faules Fleisch! – Und Sauerkraut! – Und Bienenwachs! – Und Teer! – Und Sirup! – Und ...«
«Nicht mehr! – Hören Sie auf! Ich sterbe vor Begeisterung ...!«
»Und das alles zusammen in einer Schmerpfanne angerichtet, die Nachbarn eingeladen und tüchtig zugelangt.«
Diese Vision einer idealen Mahlzeit ging über ihre Kraft – dem armen Ding schwanden die Sinne. Ich rieb ihr das Gesicht mit Schnee ab und brachte sie wieder ins Bewußtsein zurück; erst nach einer Weile legte sich ihre Erregung. Dann fand sie allmählich zu ihrer Geschichte zurück:
»Wir machten uns also hier ansässig, in dem schönen Haus. Aber ich war nicht glücklich, und das hatte seinen Grund. Ich war für die Liebe geboren – ohne sie gab es für mich kein wahres Glück. Doch ich wollte einzig um meiner selbst willen geliebt werden. Mich verlangte es nach einem Abgott und danach, der Abgott meines Abgotts zu sein; etwas Geringeres als gegenseitige Abgötterei hätte der Glut meines Wesens nie genügt. Verehrer hatte ich genug – ja, mehr als genug –, aber jeder von ihnen hatte den einen, entscheidenden Fehler, den ich früher oder später herausfand, denn keinem von ihnen gelang es, ihn auf die Dauer zu verbergen: Nicht mir galt ihr Begehren, sondern meinem Reichtum.«
»Deinem Reichtum?«

»Ja – mein Vater ist bei weitem der reichste Mann seines Stammes und sämtlicher anderen Stämme in der Umgegend.«

Ich fragte mich, worin der Reichtum ihres Vaters wohl bestehen mochte. Das Haus konnte es nicht sein – jedermann hätte ein ähnliches errichten können. Auch um die Pelze konnte es sich nicht handeln, denn ihnen maß man keinerlei Wert bei. Der Schlitten endlich, die Hunde, die Harpunen, das Boot, die knöchernen Angelhaken und Nähnadeln kamen gleichfalls nicht in Betracht – nein, dergleichen machte noch keinen Reichtum aus. Aber was sollte es sonst sein, das diesen Mann so reich machte und einen Schwarm besitzgieriger Freier in sein Haus lockte? Die beste Art, es herauszubekommen, so fand ich schließlich, war die offene Frage. Ich stellte sie. Das Mädchen nahm sie mit so unverhohlener Dankbarkeit auf, daß ich begriff: Sie hatte längst darauf gewartet, daß ich sie stellte. Sie brannte ebenso darauf, es mir zu verraten, wie ich, es zu erfahren. Vertraulich schmiegte sie sich an mich und sagte:

»Ja, raten Sie nur, wie reich er ist – aber Sie erraten es gewiß nicht!«

Ich tat, als dächte ich ernsthaft nach, während sie meine eifrige und bemühte Miene mit begieriger, entzückter Anteilnahme beobachtete. Schließlich gab ich es auf und bat sie, meine Neugier zu stillen und mir selbst zu erzählen, worin der Reichtum dieses polaren Vanderbilt bestand. Sie hob den Mund dicht an mein Ohr und flüsterte eindringlich:

»Zweiundzwanzig Angelhaken – keine knöchernen, sondern ausländische – aus richtigem Eisen!«

Dann sprang sie mit einer dramatischen Geste auf, um die Wirkung zu beobachten. Ich tat mein Bestes, sie nicht zu enttäuschen – ich wurde blaß und murmelte:

»Großer Gott!«
»So wahr Sie leben, Mr. Twain!«
»Laska, du beschwindelst mich – das kann doch nicht dein Ernst sein!«
Voller Angst und Besorgnis rief sie:
»Mr. Twain, es ist wahr – jedes Wort ist wahr. Sie glauben mir – Sie glauben mir doch, nicht wahr? Sagen Sie, daß Sie mir glauben – bitte, sagen Sie es!«
»Ich – ja, ich glaube dir – ich versuche es zumindest. Aber es kam so unvermutet – so plötzlich und überraschend. Du solltest dergleichen Dinge nicht so unvorbereitet aussprechen; es könnte …«
»Oh, das tut mir aber leid! Wenn ich nur daran gedacht hätte …«
»Nun, es ist schon wieder gut, ich will es dir nicht übelnehmen – du bist jung, handelst unüberlegt und konntest natürlich nicht vorausahnen, welche Wirkung …«
»Nein, nein, ich hätte es wissen müssen! Weshalb …«
»Siehst du, Laska, wenn du zuerst nur von fünf oder sechs Haken gesprochen hättest, und dann allmählich …«
»Oh, ich verstehe – dann allmählich noch einen hinzugefügt, und dann zwei und dann … – oh, wirklich, ich hätte daran denken müssen!«
»Macht nichts, Kind, es ist schon gut – mir wird besser – ich werde es bald überstanden haben. Nur – mit allen zweiundzwanzig über einen Mann herzufallen, der völlig unvorbereitet und ohnehin nicht sonderlich kräftig ist …«
»Es war ein Verbrechen! Aber Sie verzeihen mir doch – sagen Sie bitte, daß Sie mir verzeihen!«
Erst nachdem ich eine Menge höchst angenehmen Schmeichelns, Liebkosens und Zuredens geerntet hatte, verzieh ich

ihr – sie war wieder glücklich und fand zu ihrer Geschichte zurück. Ich bekam bald heraus, daß der Familienhort eine weitere Kostbarkeit enthielt – offenbar irgendein Schmuckstück – und daß sie versuchte, sich diesem Thema mit aller Behutsamkeit zu nähern, damit mich das Erstaunen nicht abermals umwarf. Doch ich wollte über diesen Gegenstand Näheres erfahren und drängte sie, mir davon zu erzählen. Sie fürchtete sich; ich bestand jedoch darauf und versprach ihr, mich diesmal wappnen und vorbereiten zu wollen, so daß mich der Schreck nicht allzu hart träfe. Sie war voll schlimmer Vorahnungen; doch die Versuchung, mir das Geheimnis zu enthüllen und sich an meinem Staunen, meiner Bewunderung zu weiden, war allzu groß. Sie gestand schließlich, daß sie es am Leibe trüge – und wenn ich wirklich darauf vorbereitet wäre, und so weiter und so fort – und schon griff sie in ihren Ausschnitt und förderte ein zerbeultes, rechteckiges Stück Messingblech ans Licht, wobei sie mir besorgt in die Augen blickte. In einigermaßen gutgespielter Ohnmacht ließ ich mich gegen ihre Schulter sinken, was sie gleichzeitig entzückte und ängstigte. Als ich wieder zu mir gekommen war und mich beruhigt hatte, wollte sie unbedingt wissen, was ich von ihrem kostbaren Schmuckstück hielte.

»Was ich davon halte? Ich finde, es ist das schönste, das ich je gesehen habe!«

»Tatsächlich? Wie freundlich von Ihnen, mir das zu sagen! Aber es ist doch wirklich himmlisch, nicht wahr?«

»Das will ich meinen – wenn es mein wäre, würde ich es sogar dem Äquator vorziehen.«

»Ich wußte, daß es Ihnen gefallen würde«, sagte sie, »ich selbst finde es einfach herrlich. In der ganzen Gegend hier gibt es kein zweites. Es sind schon Leute von der Eismeerküste ge-

kommen, um es zu bewundern. Haben Sie schon einmal eines gesehen?« Es sei das allererste, erwiderte ich, das ich je zu Gesicht bekommen hätte. Zwar gab es mir einen Stich, diese barmherzige Lüge auszusprechen, denn ich hatte bereits Millionen von diesen Gegenständen gesehen – ihr bescheidenes Schmuckstück war nämlich nichts anderes als eine verbeulte, ausrangierte Gepäckmarke vom New Yorker Zentralbahnhof.
»Aber wie denn«, sagte ich, »du trägst es doch nicht etwa immer bei dir, allein und von niemandem bewacht – nicht einmal von einem Hund?«
»Pst – nicht so laut!« erwiderte sie. »Daß ich es bei mir trage, weiß doch niemand. Alle glauben, es läge in Vaters Schatzkammer; dort liegt es auch gewöhnlich.«
»Und wo ist diese Schatzkammer?«
Das war allzu unverhüllt gefragt. Einen Augenblick lang musterte sie mich erschrocken und ein wenig argwöhnisch; dann setzte ich hinzu:
»Aber, aber – du hast doch von mir nichts zu befürchten! Bei uns zu Hause leben siebzig Millionen Menschen, und – wenn ich es auch selbst sage, was sich ja eigentlich nicht schickt – unter ihnen gibt es keinen einzigen, der mir nicht seine Angelhaken ungezählt anvertrauen würde.«
Der Hinweis beruhigte sie, und sie verriet mir, wo die Haken im Hause verborgen lagen. Dann schweifte sie ab, verweilte eine Zeitlang bei der Größe der durchsichtigen Eisplatten, aus denen die Fenster des Hauses bestanden, und fragte mich, ob ich dergleichen je schon gesehen hätte. Ich gestand ihr frei heraus, daß es nicht der Fall wäre; sie freute sich darüber dermaßen, daß sie keine Worte fand, um ihre Befriedigung auszudrücken. Ihr Freude zu machen, war so einfach und so vergnüglich, daß ich fortfuhr:

»Ach, Laska, du bist wirklich ein glückliches Mädchen! – Dieses prachtvolle Haus, dieses wunderbare Schmuckstück, der gewaltige Schatz, all dieser herrliche Schnee, die glitzernden Eisberge und die unendliche Einöde – Bären und Walrosse, die frei herumlaufen, und diese großartige Weite und Freiheit – jedermann wirft dir bewundernde Blicke zu, jedermann huldigt dir und erweist dir seine Hochachtung, ohne daß du auch nur darum zu bitten brauchst – jung, reich, schön, umworben, umschmeichelt, beneidet, frei von unerfüllten Wünschen, nie vergeblich bittend, denn nichts, das du haben möchtest, bleibt dir versagt – es ist doch ein unermeßliches Glück! Ich bin schon Tausenden von Mädchen begegnet, aber es war keines dabei, von dem man, ohne zu lügen, so außergewöhnliche Dinge hätte sagen können. Doch du verdienst es, Laska – du verdienst es, dessen bin ich von ganzem Herzen sicher.«

Mich diese Worte aussprechen zu hören, machte sie unendlich stolz und glücklich; für meine letzte Bemerkung dankte sie mir wieder und wieder, und ihre Stimme, ihre Augen verrieten, daß sie gerührt war. Schließlich sagte sie:

»Und dennoch ist nicht alles eitel Sonnenschein – es gibt auch eine Schattenseite. Die Last des Reichtums trägt sich nicht leicht. Ich habe mich schon so manches Mal gefragt, ob es nicht besser wäre, arm zu sein – zumindest nicht so unmäßig reich. Es tut mir weh, zu sehen, wenn die Männer der Nachbarstämme mich anstarren, sooft sie vorüberkommen – zu hören, wie einer dem anderen ehrfurchtsvoll zuraunt: ›Da geht sie – das ist sie – die Millionärstochter!‹ Manchmal sind sie auch betrübt und sagen: ›Sie schwimmt förmlich in Angelhaken, und ich – ich habe nichts.‹ Es bricht mir fast das Herz. Als ich noch ein Kind war, waren wir arm und schliefen bei offener Tür, wenn es uns danach gelüstete – aber jetzt? Jetzt brauchen wir einen Nachtwächter. Früher war mein Vater allen Leuten gegenüber freundlich und höflich – jetzt ist er hart und arrogant und kann Vertraulichkeiten nicht ausstehen. Damals galten alle seine Gedanken seiner Familie – jetzt läuft er umher und denkt unablässig an seine Angelhaken. Sein Reichtum bewirkt, daß jedermann ihm kriecherisch und unterwürfig begegnet. Früher lachte kein Mensch über seine Späße – sie waren schon immer schal, dürftig und an den Haaren herbeigezogen, und was einen Witz rechtfertigen kann, nämlich der Humor, fehlte ihnen gänzlich; neuerdings aber lachen und gackern sie allesamt über diese öden Scherze, und wenn jemand es unterläßt, ist mein Vater tief verärgert und läßt es sich anmerken. Früher fragte man ihn nie in irgendeiner Sache um Rat, und wenn er seine Meinung ungefragt äußerte, war sie wertlos – woran sich seither nicht das geringste geändert hat; und dennoch wird seine Ansicht von allen gehört und bewundert – er selbst stimmt in den Beifall ein, denn über wahres Feingefühl verfügt er nicht, und Takt geht ihm völlig ab. Er hat den Umgangston des ganzen Stammes verdorben. Einst waren sie ein offenherziges, mannhaftes Geschlecht – jetzt sind sie nur noch armselige, durch und durch servile Heuchler. Im Grunde meines Herzens hasse ich alle Millionärsallüren! Früher bestand unser Stamm aus einfachen, ehrlichen Menschen, die sich mit den knöchernen Angelhaken ihrer Väter begnügten; heute zerfrißt sie die Habgier – sie würden jedes Ehrgefühl, jedes aufrichtige Wort opfern, um sich in den erniedrigenden Besitz der eisernen Angelhaken aus dem Ausland zu setzen. Aber ich will bei diesen traurigen Dingen nicht verweilen; wie ich schon sagte, träumte ich davon, um meiner selbst willen geliebt zu werden.

Endlich schien es, als sollte sich dieser Traum erfüllen. Eines Tages tauchte ein Fremder auf; wie er sagte, hieß er Kalula. Ich nannte ihm meinen Namen, und er erklärte, er liebe mich. Vor lauter Dankbarkeit und Freude tat mein Herz einen großen Sprung, denn auch ich hatte ihn auf den ersten Blick liebgewonnen – und ich gestand es ihm. Er zog mich an seine Brust und sagte, er könne sich nicht mehr Glück wünschen, als er in diesem Augenblick empfände. Gemeinsam schlenderten wir weit über die Eisfelder, jeder erzählte dem anderen seine Lebensgeschichte, und dann malten wir uns die herrlichste Zukunft aus. Als wir endlich müde wurden, ließen wir uns nieder und hielten Mahlzeit – er hatte Seife und Kerzen bei sich, und ich hatte ein wenig Robbenfett mitgebracht. Wir waren beide hungrig – nie hat mir ein Mahl besser gemundet. Er gehörte zu einem Stamm, dessen Jagdgebiete weit im Norden lagen, und ich fand heraus, daß er noch nie von meinem Vater gehört hatte. Ich konnte mich darüber nur unbändig freuen. Das heißt – vom Millionär hatte er freilich schon gehört, aber er kannte seinen Namen nicht und konnte deshalb – Sie verstehen – nicht wissen, daß ich die Erbin war. Ich sagte es ihm nicht, dessen dürfen Sie sicher sein! Endlich wurde ich um meiner selbst willen geliebt; ich war zufrieden, ja, ich war glücklich – glücklicher, als Sie sich vorstellen können.

Allmählich wurde es Abendessenszeit, und ich nahm ihn mit heim. Als wir uns dem Hause näherten, rief er staunend:

›Wie großartig! Ist das deines Vaters Haus?‹

Es tat weh, ihn so reden zu hören und das bewundernde Aufleuchten in seinen Augen zu sehen; aber das Gefühl legte sich bald, denn ich liebte ihn sehr, und er sah so edel und stattlich aus. Er gefiel meiner ganzen Verwandtschaft, den Tanten, Onkeln und Vettern; viele Gäste wurden eingeladen, dann wurde das Haus geschlossen, die Tranlampen wurden angezündet, und als alles recht heiß, behaglich und stickig war, begann ein fröhliches Schlemmen zur Feier meiner Verlobung.

Doch nach dem Mahl packte meinen Vater die Eitelkeit. Er konnte der Versuchung, mit seinem Reichtum zu prahlen und Kalula zu zeigen, welch ein Vermögen ihm in den Schoß gefallen wäre, nicht widerstehen – vor allem ging es ihm natürlich darum, sich am Erstaunen des armen Mannes zu weiden. Ich hätte weinen mögen. Es hätte nichts geholfen, wenn ich versucht hätte, meinen Vater davon abzubringen – so sagte ich nichts, saß da und litt.

Vor aller Augen ging mein Vater stracks zu seinem Versteck, holte die Angelhaken, brachte sie herbei und warf sie über meinen Kopf; in glitzerndem Durcheinander fielen sie vor den Knien meines Geliebten auf den Boden.

Natürlich verschlug der märchenhafte Anblick dem armen Jungen den Atem. Er konnte die Haken nur in einfältiger Verblüffung anstarren und sich fragen, wie es nur dazu kommen konnte, daß ein einzelner Mann ein so unvorstellbares Vermögen besaß. Doch dann sah er hoch, seine Augen funkelten, und er rief:

›Also Sie sind der berühmte Millionär!‹

Mein Vater und alle anderen brachen in ein fröhliches Lachen aus; und als mein Vater dann den Schatz gleichgültig, als handle es sich um wertlosen Plunder, wieder einsammelte und an seinen Platz zurücktrug, war die Verblüffung des armen Kalula abermals ein wahres Schauspiel. Fassungslos fragte er:

›Wie ist es nur möglich, daß Sie solche Kostbarkeiten wegräumen, ohne sie zu zählen?‹

Mein Vater ließ ein prahlerisches Wiehern hören und gab zur Antwort:

›Wahrhaftig – wenn Sie einen oder zwei lumpige Angelhaken schon so wichtig nehmen, merkt man doch, daß Sie nie reich gewesen sind.‹

Verwirrt ließ Kalula den Kopf sinken; doch dann sagte er: ›Es ist wahr – ich habe nie auch nur den Gegenwert des Widerhakens an einem dieser kostbaren Stücke besessen. Und mir ist noch nie ein Mann begegnet, der so viele besaß, daß es sich gelohnt hätte, seinen Hort zu zahlen – denn der reichste Mann den ich je kennenlernte, nannte nur drei Stück sein eigen.‹

Wieder brüllte mein Vater, dieser Narr, vor geschmackloser Freude; ihm war nur recht, wenn der Eindruck entstand, er sei es nicht gewöhnt, seine Angelhaken zu zählen und scharf im Auge zu behalten. Natürlich war das Prahlerei. Sie nicht zu zählen? Jeden Tag zählte er sie!

In der Dämmerung hatte ich den Geliebten getroffen und kennengelernt; heimgebracht hatte ich ihn drei Stunden später, bei Einbruch der Nacht – denn schon wurden die Tage kürzer, die sechsmonatige Polarnacht rückte heran. Noch viele Stunden feierten wir weiter; endlich verabschiedeten sich die Gäste, die Zurückbleibenden verteilten sich auf die Schlafbänke an den Wänden, und bald waren alle – außer mir – in Träume versunken. Ich war zu erregt, zu glücklich, um schlafen zu können. Nachdem ich eine lange Zeit still dagelegen hatte, schlich sich eine undeutliche Gestalt an mir vorbei. Sie verschwand in der Dunkelheit, die das hintere Ende des Hauses erfüllte. Ich konnte nicht erkennen, wer es war – ob es ein Mann war oder eine Frau. Eine Weile später kam dieselbe oder eine andere Gestalt abermals an mir vorüber. Ich fragte mich zwar, was das wohl zu bedeuten hätte, kam aber zu keinem Ergebnis; und noch während ich darüber nachdachte, schlief ich ein.

Wie lange ich geschlafen habe, kann ich nicht sagen; doch plötzlich war ich hellwach und hörte meinen Vater mit fürchterlicher Stimme rufen: ›Beim großen Schneegott – ein Angelhaken fehlt!‹ Eine Ahnung, die mir das Blut in den Adern erstarren ließ, sagte mir, daß nun der Kummer über mich hereinbräche. Sie bestätigte sich im gleichen Augenblick. Mein Vater schrie: ›Alles auf – packt den Fremden!‹ Von allen Seiten erhob sich ein Fluchen und Rufen – schemenhafte Gestalten stürzten durch die Dunkelheit. Ich eilte dem Geliebten zu Hilfe – doch was konnte ich anderes tun, als warten und die Hände ringen? Schon trennte eine lebende Mauer mich von ihm; man fesselte ihn an Händen und Füßen. Ich warf mich über ihn, den Armen, den Beleidigten; an seiner Brust weinte ich meinen Schmerz heraus, während mein Vater und alle meine Angehörigen mich verspotteten und ihn mit Drohungen und Beschimpfungen überschütteten. Er ertrug die schändliche Behandlung mit ruhiger Würde, die ihn mir noch teurer werden ließ als zuvor; mit ihm und für ihn zu leiden, machte mich stolz und glücklich. Ich hörte, wie mein Vater Befehl gab, die Stammesältesten herbeizurufen – ihr Urteil sollte über das Leben meines Kalula entscheiden.

›Wie?‹ sagte ich.och bevor überhaupt nach dem verlorenen Haken gesucht wurde?‹

›Dem verlorenen Haken!‹ schrien alle spöttisch, und mein Vater fügte voller Hohn hinzu: ›Tretet zurück und wahrt euren Ernst – sie ist imstande, nach diesem verlorenen Haken zu suchen; sie wird ihn finden, ganz ohne Zweifel!‘ – und wiederum lachten sie alle.

Doch ich ließ mich nicht beirren. Für mich gab es weder Angst noch Zweifel. Ich sagte:

›Lacht nur – jetzt seid ihr an der Reihe. Bald werden wir es sein – wartet nur ab!‹

Ich ergriff eine Tranlampe. Ich war sicher, das elende Ding binnen weniger Augenblicke gefunden zu haben, und machte mich so voller Vertrauen ans Werk, daß die Leute ernst wurden und zu ahnen begannen, daß sie vielleicht doch zu voreilig gehandelt hatten. Doch ach und weh über die Bitternis einer Suche! Solange man gebraucht hätte, seine Finger zehn- oder zwölfmal zu zählen, herrschte Totenstille; dann sank mir das Herz, der Spott ringsum erhob sich wieder, wurde lauter und lauter – bis sie schließlich, als ich es aufgab, in wahre Salven grausamen Gelächters ausbrachen.

Niemand wird je ermessen können, wie tief ich damals litt. Doch meine Liebe gab mir Halt und Kraft; ich ließ mich an Kalulas Seite nieder, legte meine Arm um seinen Hals und flüsterte ihm ins Ohr:

›Du bist schuldlos, Geliebter, ich weiß es – doch sage es mir selbst, tröste mich, dann werde ich ertragen können, was uns bevorsteht.‹

Er erwiderte:

›So wahr ich in diesem Augenblick am Rande des Grabes stehe – ich bin unschuldig. So sei denn still, mein gequältes Herz – sei gefaßt, du Odem meiner Nüstern, du Leben meines Lebens!‹

›Gut denn – so laßt die Ältesten kommen!‹ – Noch während ich diese Worte aussprach, wurde draußen das anschwellende Geräusch knirschenden Schnees laut, und dann erschien eine Reihe gebeugter Gestalten, die durch die Tür eintraten – die Stammesältesten.

Mein Vater klagte den Gefangenen in aller Form an und berichtete von den Ereignissen der Nacht. Er sagte aus, der

Wächter habe vor der Tür gestanden, und im Hause habe sich niemand befunden außer den Familienangehörigen – und dem Fremden. ›Sollte eine Familie ihren eigenen Besitz stehlen?‹

Er hielt inne. Minutenlang saßen die Ältesten schweigend da; dann sagte einer nach dem anderen zu seinem Nachbarn: ›Das sieht schlimm aus für den Fremden‹ – Worte, die ich in tiefer Sorge vernahm. Endlich setzte sich mein Vater. Oh, ich Unselige! – Schon in diesem Augenblick hätte ich die Unschuld meines Geliebten beweisen können, aber ich wußte es nicht!

Der Vorsteher des Gerichts fragte:

›Ist jemand da, den Gefangenen zu verteidigen?‹

Ich erhob mich und sagte:

›Weshalb sollte gerade er diesen Haken – oder einen anderen, oder gleich alle – gestohlen haben? In wenigen Tagen wäre er der Erbe des ganzen Vermögens geworden!‹

Ich stand da und wartete. Ein langes Schweigen folgte; der Dunst vieler Atemzüge umwölkte mich wie Nebel. Schließlich nickten die Ältesten, einer nach dem anderen, mehrmals langsam mit dem Kopf; sie murmelten: ›Es ist etwas an dem, was das Kind gesagt hat.‹ Oh, welche Erleichterung lag in diesen Worten – so flüchtig und doch so kostbar! Ich nahm wieder Platz.

›Wenn noch jemand etwas zu sagen hat, so spreche er jetzt oder schweige auch später‹, sagte der Vorsteher des Gerichts.

Mein Vater stand auf und sagte:

›Im Dunkel der Nacht schlich eine Gestalt an mir vorbei – sie bewegte sich geradewegs auf den Schatz zu und kehrte bald danach zurück. Ich glaube jetzt, daß es der Fremde war.‹

Oh – ich war einer Ohnmacht nahe! Gerade dies hatte ich für mein Geheimnis gehalten – und nicht einmal der Große Eisgott selbst hätte es meinem Herzen entrissen.
Der Vorsteher des Gerichts befahl meinem armen Kalula streng:
›So sprich!‹
Kalula zögerte zuerst; dann erwiderte er:
›Ja, ich war es. Ich konnte nicht schlafen, weil ich unablässig an die herrlichen Haken denken mußte. So ging ich hin, küßte sie und berührte sie mit der Hand, um meine Gedanken zu beschwichtigen und meine Erregung in unschuldiger Freude zu ertränken. Danach legte ich sie wieder an ihren Platz. Vielleicht ließ ich einen fallen – aber ich stahl keinen.‹
Oh, welch unseliges Eingeständnis in dieser Lage! Ein entsetzliches Schweigen folgte. Ich wußte, daß er sich selbst das Urteil gesprochen hatte – daß alles zu Ende war. In jeder Miene ringsum standen deutlich die Worte: ›Es ist ein Geständnis! – Noch dazu erbärmlich, lahm und dünn!‹
Ich saß da, keuchend, kaum noch atmend – und wartete. Und dann hörte ich die ernsten Worte – ich hatte gewußt, daß sie kommen würden, und jedes einzelne von ihnen war wie ein Messer in meinem Herzen:
›Es ist der Spruch des Gerichts, daß der Angeklagte der Wasserprobe unterworfen werden soll.‹
Oh – Fluch über das Haupt dessen, der die Wasserprobe in unser Land brachte! Vor vielen Generationen kam er aus einer fernen Gegend – niemand weiß, wo sie liegt – zu uns. Vorher hatten sich unsere Väter der Wahrsagerei und anderer, ebenso unsicherer Prozeßmethoden bedient, wobei zweifelsohne gelegentlich ein paar arme, schuldbeladene Kreaturen mit dem Leben davongekommen sind; gerade das aber ist bei der Wasser-

probe unmöglich, einer Erfindung viel weiserer Leute, als wir armen, unwissenden Wilden es sind. Mit ihrer Hilfe erweist sich die Unschuld der Unschuldigen ohne Frage, ohne jeden Zweifel, denn sie ertrinken. Mit gleicher Sicherheit werden die Schuldigen ihrer Schuld überführt, denn sie ertrinken nicht. Es zerriß mir das Herz in der Brust, mir sagen zu müssen: ›Er ist unschuldig und wird in den Fluten versinken; ich werde ihn nie wiedersehen!‹

Von nun an wich ich nicht mehr von seiner Seite. Die letzten, kostbaren Stunden vertrauerte ich in seinen Armen, der tiefe Strom seiner Liebe überflutete mich – ach, ich war so elend und so glücklich! Schließlich wurde er mir entrissen; schluchzend folgte ich ihnen und sah, wie sie ihn ins Meer stießen – dann schlug ich die Hände vor die Augen. Todesqual? – Oh, ich kenne die tiefsten Tiefen dieses Wortes!

Doch im nächsten Moment brachen die Leute in ein boshaftes Freudengeschrei aus; erschrocken ließ ich die Hände sinken. Welch bitterer Anblick – er schwamm!

Mein Herz erstarrte zu Stein. ›Er war schuldig‹ sagte ich, ›und er hat mich belogen!‹

Wütend kehrte ich ihm den Rücken und machte mich auf den Heimweg.

Sie brachten ihn weit aufs offene Meer und setzten ihn auf einem Eisberg aus, der über das große Wasser südwärts trieb. Dann kam meine Familie wieder zurück, und mein Vater sagte zu mir:

›Dein Dieb läßt dir seine letzte Botschaft übermitteln: »Sagt ihr, daß ich unschuldig bin, und daß ich an all den Tagen, in all den Stunden und Minuten, in denen ich Hungers sterben werde, sie lieben, an sie denken und den Tag segnen will, an dem ich ihr süßes Antlitz zum ersten Male sah.« Recht hübsch – geradezu dichterisch!

Ich erwiderte: ›Er ist Dreck – ich will nie wieder von ihm reden hören!‹ – Und dann daran zu denken, daß er wirklich unschuldig war!

Neun Monate vergingen – neun öde, traurige Monate. Dann kam der Tag des Großen Jahresopfers, an dem alle Mädchen des Stammes ihr Gesicht waschen und ihr Haar kämmen. Ich brauchte den Kamm nur einmal durchs Haar zu ziehen, und schon kam der unselige Angelhaken dort, wo er während all dieser Monate gewesen war, zum Vorschein, und ich stürzte ohnmächtig in die Arme meines reuebewegten Vaters! Aufseufzend sagte er: ›Wir haben ihn ermordet – ich werde nie wieder lächeln!‹ Er hat sein Wort gehalten. Und seit jenem Tage ist kein Monat vergangen, in dem ich mir nicht die Haare gekämmt hätte. Doch ach – was soll es jetzt noch nützen?«

So endete die bescheidene Geschichte des armen Mädchens, aus der zumindest eines eindeutig hervorgeht: Da hundert Millionen Dollar in New York und zweiundzwanzig Angelhaken am Rande des Polarkreises die gleiche finanzielle Machtposition darstellen, wäre ein Mann, der in Geldschwierigkeiten steckt, ein Narr, wenn er in New York bliebe – solange er die Möglichkeit hat, sich für zehn Cents Angelhaken zu kaufen und auszuwandern.

DIE MCWILLIAMSES UND DIE ALARMANLAGE

Die Unterhaltung floß sanft und angenehm dahin, vom Wetter zur Ernte, von der Ernte zur Literatur, von der Literatur zu Skandalgeschichten, von Skandalgeschichten zur Religion; dann machte sie einen wahllosen Sprung und landete beim Thema Alarmanlagen. Zum erstenmal verriet Mr. McWilliams nun innere Anteilnahme. Immer wenn ich dieses Zeichen auf seinem Zifferblatt wahrnehme, verstehe ich, hülle mich in Schweigen und gebe ihm Gelegenheit, seinem Herzen Luft zu machen. So sagte er, seine Gefühle nur schlecht beherrschend: »Ich halte keinen Pfifferling von Alarmanlagen, Mr. Twain, keinen Pfifferling, und ich werde Ihnen erzählen, warum. Als unser Haus fast fertig war, stellten wir fest, daß wir noch etwas Geld übrig hatten, weil der Klempner nichts von ihm wußte. Ich war dafür, den Heiden damit Erleuchtung zu bringen, denn irgendwie habe ich die Heiden schon immer nicht leiden können, aber Mrs. McWilliams sagte nein, wir wollen eine Alarmanlage haben. Diesem Kompromiß stimmte ich zu. Ich muß Ihnen das erklären: Immer wenn ich etwas will und Mrs. McWilliams will etwas anderes und wir entscheiden uns dafür, was Mrs. McWilliams will – wie immer –, so nennt sie das einen Kompromiß.

Na schön, der Mann aus New York kam also und baute die Alarmanlage ein; er berechnete dreihundertfünfundzwanzig Dollar dafür und sagte, wir könnten nun beruhigt schlafen. Das taten wir auch eine Zeitlang – etwa einen Monat. Eines Nachts roch es dann nach Rauch, und mir wurde empfohlen, aufzustehen und nachzusehen, was los sei. Ich zündete eine Kerze an und ging zur Treppe. Dort begegnete mir ein Einbrecher, der aus einem Zimmer kam, einen Korb Blechsachen unter dem Arm, die er in der Dunkelheit für reines Silber gehalten hatte.

Ich sagte: ›Mein Freund, in diesem Zimmer ist rauchen verboten.‹

Er antwortete, er sei hier fremd und man könne von ihm nicht erwarten, daß er die Hausordnung kenne; er sagte, er sei schon in vielen Häusern gewesen, die genausogut wie dies hier seien, und man habe niemals Anstoß daran genommen. Er fügte noch hinzu, soweit seine Erfahrung reiche, hätten solche Verbote für Einbrecher ohnehin noch nie gegolten.

Ich sagte: ›Dann rauchen Sie doch weiter, wenn es so gang und gäbe ist, doch glaube ich, einem Verbrecher etwas zu gestatten, das dem Bischof verweigert wird, ist ein deutliches Zeichen sittenloser Zeiten. Doch lassen wir das. Wie kommen Sie überhaupt dazu, das Haus so heimlich und hinterhältig zu betreten, ohne die Alarmanlage zu betätigen?‹

Er war verwirrt und schämte sich, dann sagte er verlegen: ›Ich bitte tausendmal um Entschuldigung. Ich habe nicht gewußt, daß Sie eine Alarmanlage haben, sonst hätte ich sie klingeln lassen. Bitte sprechen Sie nirgends darüber, wo meine Eltern davon erfahren könnten, denn sie sind alt und gebrechlich, und solch ein vermessener Bruch der geheiligten Gewohnheiten unserer christlichen Zivilisation könnte die wacklige Brücke, die düster zwischen der bleichen, schwindenden Gegenwart und den feierlichen großen Tiefen der Ewigkeit schwebt, allzu grausam zersplittern. Darf ich Sie um ein Streichholz bitten?‹

Ich sagte: ›Ihre Gefühlsregungen machen Ihnen alle Ehre, aber wenn Sie mir gestatten, metaphorischer Ausdruck ist nicht Ihre stärkste Seite. Schonen Sie Ihren Schenkel, diese Sorte kann man nur an der Schachtel anzünden, und da auch nicht immer, wenn ich mich auf meine Erfahrung verlassen kann. Aber zurück zur Sache: Wie sind Sie hier hereingekommen?‹

›Durch ein Fenster im ersten Stock.‹

Genau so war es. Die Blechwaren kaufte ich mir zum Pfandleihpreis, abzüglich der Inseratgebühren, zurück, wünschte dem Einbrecher eine gute Nacht, schloß das Fenster hinter ihm und zog mich zum Hauptquartier zurück, um Meldung zu erstatten. Am nächsten Morgen ließen wir den Alarmanlagenmann holen. Er kam und erklärte, der Grund, weshalb die Alarmanlage nicht losgegangen war, sei der, daß nur das Erdgeschoß angeschlossen sei. Es war einfach idiotisch; wenn man Waffen nur an den Beinen trägt, kann man auch gleich ganz ohne Waffen in die Schlacht gehen. Der Sachverständige schloß also den ganzen ersten Stock an die Anlage an, verlangte dreihundert Dollar dafür und ging seiner Wege.

Einige Zeit später fand ich eines Nachts einen Einbrecher im zweiten Stock. Er war gerade im Begriff, mit einem Berg verschiedenartiger Güter die Leiter hinunterzusteigen. Mein erster Gedanke war, ihm mit einem Billardqueue den Schädel einzuschlagen, aber mein zweiter war, davon Abstand zu nehmen, da er zwischen mir und dem Queuehalter stand. Der zweite Gedanke war ganz klar der gesündere; so ließ ich es bleiben und ging zu einem Kompromiß über. Ich erstand die Habe zu den genannten Sätzen, abzüglich zehn Prozent für die Benutzung der Leiter, denn es war meine Leiter. Am nächsten Tag schickten wir noch einmal nach dem Sachverständigen und ließen für dreihundert Dollar den zweiten Stock an die Alarmanlage anschließen.

Inzwischen hatte die Anzeigetafel ungeheure Dimensionen angenommen. Siebenundvierzig Schilder hatte sie, mit den Namen der verschiedenen Zimmer und Kamine, und sie nahm den Raum eines normalen Kleiderschranks ein: Der Gong hatte die Größe einer Waschschüssel und war über unserem Bett angebracht. Ein Draht führte vom Haus zum Logis des Kutschers im Stall und zu einem stattlichen Gong neben seinem Kopfkissen.

Wir hätten es ja nun gemütlich haben können, wenn eins nicht gewesen wäre. Jeden Morgen um fünf Uhr öffnete die Köchin auf dem üblichen Wege zur Arbeit die Küchentür und bums ging der Gong los. Als das zum erstenmal passierte, dachte ich, nun sei bestimmt der letzte Tag angebrochen. Das habe ich nicht im Bett gedacht – nein, sondern draußen, denn die erste Wirkung dieses furchtbaren Gongs ist, daß er einen im Hause herumschleudert, gegen die Wand schmettert, daß man sich zusammenrollt und wie eine Spinne auf der Ofenplatte kräuselt, bis jemand die Küchentür zumacht. Unbestreitbare Tatsache ist, es gibt keinen Lärm, der sich auch nur im entferntesten mit dem entsetzlichen Lärm dieses Gongs vergleichen ließe.

Also, diese Katastrophe ereignete sich regelmäßig jeden Morgen fünf Uhr und kostete uns immer drei Stunden Schlaf; denn vergessen Sie nicht: Wenn einen dieses Ding aufweckt, dann weckt es einen nicht nur an bestimmten Stellen; es weckt einen am ganzen Leibe, Gewissen und alles, und hinterher hat man Lust, achtzehn Stunden hellwach zu liegen – achtzehn Stunden so unvorstellbar hellwach, wie man es noch nie erlebt hat. Einmal starb ein Fremder bei uns; wir zogen aus und überließen ihm jene Nacht unser Schlafzimmer. Hat der Fremde auf das Jüngste Gericht gewartet? Nein, mein Herr; um fünf Uhr am nächsten Morgen stand er höchst bereitwillig und ohne große Umstände auf. Das hatte ich gewußt; das hatte ich ganz genau gewußt. Er ließ sich seine Lebensversicherung auszahlen, und wenn er nicht gestorben ist, lebt er

heute noch – denn es gab genügend Beweise, daß er wirklich tot gewesen war.
Nun, da wir also täglich so viel Schlaf verloren, schwanden wir langsam hinüber in ein besseres Reich. Wir ließen deshalb schließlich den Sachverständigen wieder kommen. Er zog einen Draht zur Außenseite der Tür und brachte dort einen Schalter an, mit dem Thomas, unser Bedienter, ständig einen Fehler machte – wenn er zu Bett ging, stellte er die Alarmanlage ab, und bei Tagesanbruch schaltete er sie wieder ein, rechtzeitig, bevor die Köchin die Tür öffnete; so konnte uns der Gong wieder durch das Haus schleudern und manchmal mit dem einen oder anderen von uns ein Fenster einschlagen. Nach Ablauf einer Woche merkten wir, daß die Sache mit dem Schalter eine Täuschung und Falle war. Auch entdeckten wir, daß die ganze Zeit über eine Einbrecherbande im Hause gewohnt hatte – nicht eigentlich, um zu stehlen, denn es war nun nicht mehr viel übrig, sondern um sich vor der Polizei zu verstecken, denn wir waren schon stark in die Enge getrieben. Schlauerweise hatten sie sich gedacht, die Detektive würden niemals auf den Gedanken kommen, daß eine Horde Einbrecher in einem Hause Schutz suchen würde, das, wie nur zu bekannt war, durch die imponierendste und ausgeklügeltste Alarmanlage von ganz Amerika gesichert war.
Ließen den Sachverständigen wieder holen, und diesmal hatte er einen geradezu blendenden Einfall: Er stellte das Gerät so ein, daß das Öffnen der Küchentür die Anlage ausschaltete. Das war eine prächtige Idee, und er berechnete sie dementsprechend. Aber Sie können sich das Ergebnis schon vorstellen. Jeden Abend zur Schlafenszeit schaltete ich die Alarmanlage ein, da ich kein Vertrauen mehr zu Thomas' schwachem Gedächtnis hatte. Sobald nun die Lichter verloschen waren,

kamen die Einbrecher zur Küchentür hereinmarschiert und schalteten so die Anlage aus, ohne darauf zu warten, daß dies die Köchin am Morgen besorgte. Sie sehen, wie sich unsere Lage verschlimmerte. Monatelang konnten wir niemanden zu uns einladen; im ganzen Haus kein freies Bett, alle von Einbrechern belegt.

Schließlich sann ich selbst auf Abhilfe. Der Sachverständige folgte meiner Aufforderung und legte eine weitere Erdleitung zum Stall, brachte dort einen Schalter an, so daß der Kutscher die Anlage ein- und ausschalten konnte. Das funktionierte erstklassig, und es folgte eine Phase des Friedens, in der wir wieder Gäste einluden und uns des Lebens freuten.

Die Alarmanlage ließ jedoch nicht locker und wendete bald einen neuen Kniff an. Im Winter wurden wir eines Nachts von der plötzlich einsetzenden Musik dieses abscheulichen Gongs aus dem Bett geschüttelt, und als wir zur Anzeigetafel gehumpelt waren, das Gaslicht anzündeten und das Wort ›Kinderzimmer‹ lasen, fiel Mrs. McWilliams schnurstracks in Ohnmacht, und ich war ziemlich nahe dran, daßelbe zu tun. Ich ergriff meine Schrotflinte, und solange das entsetzliche Dröhnen anhielt, stand ich da und berechnete die Zeit, die der Kutscher brauchen würde. Ich wußte, daß ihn sein Gong auch aus den Federn geschüttelt hatte und daß er mit der Flinte unterwegs sein würde, sobald er in die Kleider gesprungen wäre. Als ich schätzte, daß er soweit war, schlich ich in das Zimmer neben dem Kinderzimmer, spähte durch das Fenster und sah im Hof unten die schwachen Umrisse des Kutschers, der mit präsentiertem Gewehr auf eine Gelegenheit wartete. Dann sprang ich ins Kinderzimmer und feuerte, und im gleichen Augenblick feuerte der Kutscher auf meine rot aufblitzende Flinte: Beide trafen wir; ich schoß ein Kindermädchen lahm, und er schoß mir den Hinterkopf kahl. Wir zündeten die Gasbeleuchtung an und telefonierten nach dem Arzt. Von einem Einbrecher war keine Spur, und niemand hatte ein Fenster aufgemacht. Ein Glas fehlte, aber das war die Scheibe, durch welche die Schrotladung des Kutschers gekommen war. Das war ein hübsches Rätsel – eine Alarmanlage geht von selbst um Mitternacht los, und kein Einbrecher weit und breit!

Der Sachverständige kam auf den hübschen Ruf hin und erklärte, daß es ein ›blinder Alarm‹ war. Sagte, es könne leicht behoben werden. So reparierte er das Fenster, verlangte eine anständige Summe dafür und ging.

Was wir im Laufe der nächsten drei Jahre unter blinden Alarmen zu leiden hatten, kann kein Füllfederhalter beschreiben. Während der folgenden drei Monate raste ich immer mit der Flinte zu dem angezeigten Zimmer, und der Kutscher machte sich ständig auf, mich mit seiner Batterie zu unterstützen. Aber nie gab es etwas, worauf wir hätten schießen sollen – die Fenster alle geschlossen und gesichert. Am nächsten Tage ließen wir immer den Sachverständigen kommen, und der brachte immer die jeweiligen Fenster in Ordnung, so daß sie sich eine Woche oder so ruhig verhielten, und vergaß nie, uns eine Rechnung zu schicken, die ungefähr folgendermaßen aussah:

Draht	2,15	Dollar
Zündkegel	0,75	»
Zwei Arbeitsstunden	1,50	»
Wachs	0,47	»
Band	0,34	»
Schrauben	0,15	»
Batterie aufladen	0,98	»
Drei Arbeitsstunden	2,25	»
Schnur	0,02	»
Schmalz	0,66	»
Ponds Extrakt	1,25	»
Federn à 0,50	2,00	»
Eisenbahnfahrkosten	7,25	»
Summa	19,77	Dollar

Etwas ganz Natürliches stellte sich schließlich ein – nachdem uns drei- oder vierhundert blinde Alarme aufgeschreckt hatten –, nämlich, wir schreckten nicht mehr auf. Ja, ich stand einfach ganz ruhig auf, als wir vom Gong durchs Haus geschleudert wurden, sah ruhig auf der Anzeigetafel nach, merkte mir das angezeigte Zimmer, schaltete es dann ruhig von der Alarmanlage ab und ging wieder schlafen, als wäre nichts geschehen. Außerdem schloß ich dieses Zimmer nicht mehr an die Anlage an und ließ auch den Sachverständigen nicht holen. Nun, es versteht sich von selbst, daß mit der Zeit alle Zimmer abgeschaltet wurden und das ganze Gerät außer Betrieb war.
Zu dieser schutzlosen Zeit ereignete sich das schwerste Mißgeschick von allen. Die Einbrecher kamen eines Nachts angerückt und nahmen die Alarmanlage mit! Jawohl, mein Herr, mit Haut und Haaren, rissen sie heraus, Zahn um Zahn, Federn, Klingeln, Gongs, Batterie, alles. Einhundertfünfzig Meilen Kupferdraht schafften sie fort; sie haben sie einfach hinausgefegt, mit Kind und Kegel, und uns nicht einmal ein

sichtbares Zeichen davon übrig gelassen, auf das wir – bei dem wir hätten fluchen können, meine ich.

Das war vielleicht ein Spaß, die Anlage wiederzubekommen; aber wir haben es schließlich geschafft, für Geld. Die Firma sagte, uns fehle nun nichts weiter, als die Anlage richtig einbauen zu lassen – mit ihren neuen Patentfedern an den Fenstern, die jeden blinden Alarm unmöglich machten, und mit der neuen Patentuhr, die die Anlage ohne menschliches Zutun jeden Abend ein- und jeden Morgen ausschalte. Das schien ein gutes Projekt. Sie versprachen, mit allem binnen zehn Tagen fertig zu sein. Sie machten sich ans Werk, und wir fuhren in den Sommerurlaub. Ein paar Tage arbeiteten sie, dann fuhren *sie* in den Sommerurlaub. Worauf die Einbrecher einzogen und *ihre* Sommerferien begannen.

Als wir im Herbst zurückkehrten, stand das Haus leer wie der Bierkeller eines Grundstücks, auf dem die Maler waren. Wir richteten es wieder neu ein und schickten jemanden, um dem Sachverständigen Beine zu machen. Er kam, beendete die Arbeit und sagte: ›Die Uhr ist jetzt so gestellt, daß sie die Alarmanlage jeden Abend um zehn ein- und jeden Morgen um drei Viertel fünf ausschaltet. Sie haben nichts weiter zu tun, als sie jede Woche aufzuziehen und sonst in Ruhe zu lassen – um die Alarmanlage kümmert sie sich schon selbst!‹

Danach kamen drei Monate einer äußerst friedlichen Zeit. Natürlich war die Rechnung gewaltig hoch, aber ich hatte gesagt, ich wolle sie erst bezahlen, wenn sich herausgestellt habe, daß die neue Maschinerie fehlerfrei arbeite. Die ausbedungene Frist betrug drei Monate. Ich bezahlte dann, und gleich am folgenden Tage um zehn Uhr früh dröhnte es Alarm wie zehntausend Bienenschwärme. Der Anleitung entsprechend drehte ich die Zeiger herum auf zwölf Uhr, das Signal verstummte daraufhin. Aber in der Nacht gab es wieder eine Störung, und ich mußte die Uhr weitere zwölf Stunden vorstellen, damit sie die Anlage wieder einschaltete. Dieser Unsinn ging noch eine oder zwei Wochen so weiter, dann kam der Sachverständige und baute eine neue Uhr ein, aber es war jedesmal ein Versager. Seine Uhren hatten alle denselben launischen Defekt: Sie schalteten die Alarmanlage tagsüber ein und nicht bei Nacht; und wenn man sie mit Gewalt trieb, nachts einzuschalten, dann stellte sie die Anlage wieder ab, sobald man ihr nur den Rücken kehrte.

Das also ist die Geschichte von der Alarmanlage – alles genau, wie es sich zugetragen hat; nichts beschönigt und nichts aus Bosheit entstellt. Jawohl, mein Herr, und als ich neun Jahre mit Verbrechern im Hause geschlafen und die ganze Zeit eine kostspielige Alarmanlage in Betrieb gehalten hatte, zu deren Schutz, nicht zu meinem, und alles auf meine Kosten – denn sie ließen sich nicht dazu bewegen, auch nur einen verdammten Cent beizusteuern –, da sagte ich einfach zu Mrs. McWilliams, daß ich von dem ganzen Schlamassel genug habe. Mit ihrem vollen Einverständnis baute ich deshalb die ganze Anlage aus und verschacherte sie gegen einen Hund, und den Hund erschoß ich.

Ich weiß ja nicht, was *Sie* davon halten, Mr. Twain, aber *ich* denke, diese Sachen werden ausschließlich im Interesse der Einbrecher angefertigt. Jawohl, mein Herr, eine Alarmanlage gegen Einbrecher vereint in sich alle unangenehmen Seiten eines Feuers, eines Aufruhrs und eines Harems und entbehrt gleichzeitig aller sie ausgleichenden Vorzüge, gleich welcher Art, die gewöhnlich dieser Kombination eigen sind. Auf Wiedersehen, ich steige hier aus.«

GEFAHREN IM BETT

Der Mann am Fahrkartenschalter fragte: »Wollen Sie auch eine Unfallversicherungskarte lösen?«
»Nein«, sagte ich, nachdem ich die Sache ein bißchen überdacht hatte. »Nein, ich glaube nicht; heute sitze ich den ganzen Tag auf der Bahn. Aber morgen reise ich nicht. Geben Sie mir eine für morgen.«
Der Mann war verdutzt. Er sagte: »Das ist doch aber eine Unfallversicherung, und wenn Sie mit der Bahn fahren …«
»Wenn ich mit der Bahn fahre, werde ich keine brauchen. Zu Hause im Bett zu liegen, das ist es, wovor ich Angst habe.«
Mit der Angelegenheit hatte ich mich eingehend befaßt. Im vergangenen Jahr reiste ich zwanzigtausend Meilen fast nur mit der Bahn; das Jahr zuvor reiste ich über fünfundzwanzigtausend Meilen, die eine Hälfte per Schiff, die andere mit der Bahn; und im voraufgegangenen Jahr reiste ich so um die zehntausend Meilen, ausschließlich mit der Bahn. Ich nehme an, wenn ich all die kleinen Abstecher hierhin und dahin dazunehme, dann kann ich wohl sagen, daß ich während der drei genannten Jahre sechzigtausend Meilen gereist bin – und alles ohne Unfall.
Eine ganze Zeitlang sagte ich mir jeden Morgen: ›Na, bisher ist ja noch alles glattgegangen, doch um so wahrscheinlicher ist es, daß es mich diesmal erwischt. Ich werde es also schlau machen und mir eine Unfallversicherungskarte lösen.‹ Und jedesmal zog ich eine Niete – da konnte ich Gift darauf nehmen – und ging abends zu Bett, ohne daß ich mir ein Glied gebrochen oder ein Gelenk verrenkt hatte. Diese Wirtschaft jeden Tag hatte ich bald satt und ging dazu über, Unfallversicherungskarten zu lösen, die einen Monat galten. Ich sagte

mir nämlich: ›Man *kann* doch nicht dreißig Nieten auf einmal kaufen.‹

Aber ich täuschte mich. Nie war auch nur ein einziger Gewinn dabei. Täglich konnte ich von Eisenbahnunglücken lesen – wie ein dichter Nebel durchzogen sie die Atmosphäre der Presse; aber irgendwie lief mir keins über den Weg. Ich bemerkte, daß ich schon eine erhebliche Menge Geld in das Unfallgeschäft gesteckt und nichts dafür aufzuweisen hatte. Mein Verdacht regte sich, und nun trachtete ich danach, jemand ausfindig zu machen, der in diesem Lotteriespiel schon einmal gewonnen hatte. Viele Leute traf ich, die Geld angelegt hatten, aber nicht einen einzigen, der je einen Unfall gehabt oder einen Cent gutgemacht hatte. Nun löste ich keine Unfallversicherungskarten mehr und begann zu rechnen. Das Ergebnis war verblüffend: Nicht das Reisen war gefährlich, sondern das Daheimbleiben. Ich stöberte Statistiken durch und fand zu meinem Erstaunen, daß in den letzten zwölf Monaten trotz all der schreienden Schlagzeilen über Eisenbahnunglücke keine dreihundert Menschen dabei wirklich ums Leben gekommen waren. Die Erie-Bahn war als mörderischste aufgeführt. Sie hatte sechsundvierzig oder sechsundzwanzig Menschen umgebracht, ich kann mich nicht mehr genau erinnern, aber ich weiß noch, daß es mehr als doppelt so viele waren als bei jeder anderen Bahn. Sofort fiel einem jedoch ein, daß die Erie-Bahn eine ungeheuer lange Strecke befuhr und einen größeren Verkehr bewältigte als alle anderen Linien im Lande; die doppelte Anzahl von Toten brauchte also nicht zu überraschen.

Weiteres Rechnen ergab, daß die Erie-Bahn zwischen New York und Rochester täglich acht Züge in jeder Richtung einsetzt, sechzehn insgesamt, und jeden Tag durchschnittlich sechstausend Personen befördert. In sechs Monaten sind das ungefähr eine Million – was der Einwohnerzahl New Yorks entspricht. Nun, von dieser Million tötet die Erie-Bahn in sechs Monaten dreizehn bis dreiundzwanzig Personen, während im gleichen Zeitraum von der Million Einwohner New Yorks dreizehntausend im Bett starben!

Mich überlief eine Gänsehaut, die Haare standen mir zu Berge. »Das ist ja entsetzlich!« sagte ich. »Nicht das Reisen mit der Bahn ist gefährlich, sondern diesen todbringenden Betten zu vertrauen. Nie wieder schlafe ich in einem Bett.«

Diesen Berechnungen hatte ich beträchtlich weniger als die halbe Länge der Erie-Strecke zugrunde gelegt. Es war klar, daß auf der gesamten Strecke demnach täglich wenigstens elf- oder zwölftausend Menschen befördert wurden. Von Boston gehen viele kurze Strecken aus – sehr viele –, die gut noch ein halbmal soviel leisten. Viele Eisenbahnlinien verbreiten sich über die Staaten, die einen gewaltigen Personenverkehr abwickeln. Man durfte deshalb gut und gerne annehmen, daß ein Durchschnitt von zweitausendfünfhundert Reisenden pro Tag auf jeder Linie des Landes ungefähr den Tatsachen entspräche. Es gibt achthundertsechsundvierzig Eisenbahnlinien im Lande, und achthundertsechsundvierzig mal zweitausendfünfhundert ist zwei Millionen hundertfünfzehntausend. Also befördern die Eisenbahnen Amerikas täglich mehr als zwei Millionen Menschen, das sind im Jahr, die Sonntage nicht mitgerechnet, sechshundertfünfzig Millionen. Das tun sie auch, das ist keine Frage; wo sie allerdings das Rohmaterial dazu hernehmen, übersteigt bei weitem die Verfügungsgewalt meiner Arithmetik, denn ich habe die Vollzähligkeitsberichte durchwühlt und durchwühlt und herausgefunden, daß es in den Vereinigten Staaten nicht so viele Leute gibt, sondern daß mindestens sechshundertzehn Millionen daran fehlen. Wahrscheinlich verwenden die Eisenbahnen dieselben Personen mehrmals.

San Francisco besitzt ein achtelmal soviel Einwohner wie New York; es hat sechzig Tote in der Woche, New York fünfhundert – wenn sie Glück haben. Das sind im Jahr dreitausendeinhundertzwanzig Tote in San Francisco und achtmal soviel in New York – sagen wir, ungefähr fünf- oder sechsundzwanzigtausend. Der Gesundheitszustand beider Orte ist gleich. So kann man durchaus annehmen, daß dieses Verhältnis für das ganze Land gilt und daß demzufolge von jeder Million Einwohner fünfundzwanzigtausend im Jahr sterben müssen. Das ist ein Vierzigstel.

Von unserer gesamten Bevölkerung sterben also jährlich eine Million Menschen. Von dieser Million werden zehn- oder zwölftausend erstochen, erschossen, ertränkt, gehängt, vergiftet, oder sie sterben eines ähnlichen gewaltsamen Todes auf andere beliebte Weise, indem sie um Beispiel ihren Reifrock mit der Kerosinlampe in Brand setzen, in der Kohlengrube verschüttet werden, vom Dach fallen, durch den Fußboden der Kirche oder des Vortragssaales brechen, Wunderpillen nehmen oder auf andere Art Selbstmord begehen. Die Erie-Bahn tötet dreiundzwanzig bis sechsundvierzig, die übrigen achthundertfünfundvierzig Eisenbahnlinien bringen jede im Durchschnitt ein Drittel Mensch um. Der Rest dieser Million, der sich auf die erschreckende Anzahl von neunhundertsiebenundachtzigtausendsechshunderteinunddreißig Leichen beläuft, stirbt natürlicherweise im Bett.

Der Leser wird also entschuldigen, wenn ich mich nicht mehr der Gefahr des Bettes aussetze. Die Eisenbahn ist für mich gut genug.

Und ich gebe allen den Rat: Bleiben Sie nicht länger zu Hause als notwendig; doch wenn Sie sich eine Zeitlang zu Hause aufhalten müssen, dann kaufen Sie sich ein Bündel Versicherungspolicen und bleiben Sie nachts auf. Man kann nie vorsichtig genug sein.

Die Moral dieses Aufsatzes ist die, daß gedankenlose Leute ganz unbilligerweise über die Eisenbahnverwaltung der Vereinigten Staaten murren. Wenn man bedenkt, daß das ganze Jahr hindurch Tag und Nacht über vierzehntausend Züge verschiedener Art durch das Land donnern, die Leben tragen und auf denen der Tod lauert, so muß man sich nicht darüber wundern, daß dreihundert Menschen im Jahr dabei umkommen, sondern darüber, daß es nicht dreihundertmal soviel Tote sind!

EINE GESCHICHTE OHNE SCHLUSS

Wir hatten auf dem Schiff ein Spiel, mit dem sich die Zeit gut vertreiben ließ – zumindest die Abende im Rauchsalon, wenn die Männer nach der Eintönigkeit und Langweile des Tages wieder munter und lebhaft wurden. Es handelte sich dabei um das Vollenden unvollendeter Geschichten. Mit anderen Worten: Einer von uns erzählte eine Geschichte ohne den Schluß, und dann versuchten die anderen, sie aus eigener Erfindung zu Ende zu führen. Wenn alle, die es versuchen wollten, Gelegenheit dazu gehabt hatten, verriet derjenige, der die Geschichte erzählt hatte, den ursprünglichen Schluß – und dann konnte man seine Wahl treffen. Manchmal zeigte sich, daß die neuerfundenen Schlüsse besser waren als die ursprünglichen. Die Geschichte jedoch, die zum Anlaß der anhaltendsten, entschlossensten und eifrigsten Bemühungen wurde, hatte von vornherein keinen Schluß; es gab also nichts, womit man die neuerfundenen Abschlüsse hätte vergleichen können. Der Mann, der sie erzählte, behauptete, er könne ihren Inhalt nur bis zu einem bestimmten Punkte wiedergeben – mehr wisse er von der Geschichte selber nicht. Er habe sie vor fünfundzwanzig Jahren in einem Kurzgeschichtenband gelesen, sei aber unterbrochen worden, bevor er damit zu Ende gekommen war. Er erbot sich, demjenigen fünfzig Dollars zu zahlen, der die Geschichte zur Zufriedenheit einer von uns selbst bestimmten Jury beendete. Wir wählten also eine Jury und mühten uns mit der Geschichte ab; wir erfanden zahllose Schlüsse, aber die Jury stimmte sie alle nieder. Die Jury hatte recht. Es war eine Geschichte, die vielleicht nur der Autor selbst zu einem befriedigenden Ende hätte führen können – aber wenn es ihm gelungen sein sollte, wüßte ich gern, wie dieser Schluß ausgesehen hat. Jeder normale Leser wird entdecken, daß die Pointe dieser Erzählung in ihrer Mitte liegt und daß es allem Anschein nach keine Möglichkeit gibt, sie auf den Schluß zu verlagern, wo sie von Rechts wegen natürlich hingehört. Dem Sinne nach hatte die Geschichte folgenden Inhalt:

John Brown, einunddreißig Jahre alt, herzensgut, sanft, schamhaft, schüchtern, lebte in einem stillen Dorf in Missouri. Er war Vorsteher der presbyterianischen Sonntagsschule. Die Würde war nur bescheiden, immerhin aber war es sein einziges öffentliches Amt, und er war in seiner zurückhaltenden Art stolz darauf und fühlte sich seiner Arbeit und allem, was mit ihr zusammenhing, verpflichtet. Jedermann lobte die außerordentliche Liebenswürdigkeit seines Wesens; die Leute sagten sogar, er bestünde aus nichts als guten Absichten und Schamhaftigkeit – auf seine Hilfe könne man sich verlassen, sooft sie gebraucht würde, und auf seine Schamhaftigkeit, wenn es dieser Eigenschaft bedurfte, aber auch, wenn dies durchaus nicht der Fall war.

Mary Taylor, dreiundzwanzig Jahre alt, bescheiden, entzückend, schön und gewinnend von Gestalt und Sinnesart, war sein ein und alles. Und auch er bedeutete ihr nahezu alles. Sie schwankte noch – er machte sich große Hoffnungen. Ihre Mutter war von Anfang an dagegen gewesen. Aber jetzt schwankte auch sie – er konnte es sehen. Die warme Anteilnahme, die er für die beiden Schützlinge ihrer Mildtätigkeit aufbrachte, rührte sie, und ebenso seine Zuwendungen für deren Lebensunterhalt. Es waren zwei von aller Welt verlassene, alte Schwestern, die in einer einsamen Blockhütte wohnten, an einem Kreuzweg ungefähr vier Meilen von Mrs. Taylors Farm entfernt. Die eine der beiden Schwestern war geistesgestört und von Zeit zu Zeit ein wenig gewalttätig, aber das kam nicht oft vor.

Endlich schien die Zeit für einen endgültigen Vorstoß reif; Brown raffte all seinen Mut zusammen und beschloß, ihn zu unternehmen. Er wollte eine Summe mitnehmen, doppelt so hoch wie seine übliche Zuwendung, und damit die Mutter gewinnen; war erst einmal ihr Widerstand gebrochen, würde die restliche Eroberung schnell und sicher vonstatten gehen.

An einem stillen Sonntagnachmittag im milden Sommer von Missouri machte er sich auf den Weg, für sein Vorhaben angemessen ausgerüstet. Er war von Kopf bis Fuß in weißes Leinen gekleidet, mit einem blauen Band als Krawatte, und trug kleidsame, enge Stiefel. Sein Pferd und sein Einspänner waren das beste, das der Mietstall zu bieten hatte. Die Wagendecke bestand gleichfalls aus weißem Leinen, war neu und hatte eine handgearbeitete Borte, deren kunstvolle Schönheit in der ganzen Gegend nicht ihresgleichen fand.

Als er auf der einsamen Landstraße vier Meilen zurückgelegt hatte und sein Pferd gerade über eine Holzbrücke lenkte, wurde ihm der Strohhut vom Kopf geweht – er fiel in den Fluß, trieb ein Stück weiter und blieb schließlich an einem Ast hängen. John Brown wußte nicht, was er tun sollte. Den Hut mußte er haben, das stand fest; aber wie sollte er ihn herausholen? Schließlich kam ihm ein Gedanke. Die Straßen waren leer, kein Mensch war zu sehen. In der Tat, er konnte es darauf ankommen lassen. Er führte das Pferd an den Straßenrand und ließ es dort grasen; dann zog er sich aus, legte seine Kleider in den Einspänner, streichelte das Pferd eine Weile, um sich seines Verständnisses und seiner Loyalität zu versichern, und eilte zum Fluß hinunter. Er schwamm hinaus, und bald hatte

er den Hut. Aber als er die Uferböschung wieder heraufgestiegen kam, hatte das Pferd sich davongemacht.
Beinahe versagten ihm die Knie. Das Pferd trabte gemächlich auf der Straße dahin. Brown spurtete hinterher und rief: »Komm, komm, bist ein braves Tier«; aber so oft er nahe genug herankam, um einen Sprung auf den Einspänner wagen zu können, beschleunigte das Pferd den Trab und hängte ihn ab. So zog sich die Sache hin; der nackte Mann verging beinahe vor Angst und erwartete jeden Augenblick, Leute auftauchen zu sehen. Er lief hinter dem Pferde her, flehte es an, redete ihm gut zu, bis er auf diese Weise eine volle Meile hinter sich gebracht hatte und in die Nähe des Taylorschen Anwesens gelangt war; dann endlich glückte ihm der Sprung in den Wagen. Er schlüpfte in Hemd, Krawatte und Jackett; dann griff er nach ... – doch zu spät! – Er setzte sich hastig zurecht und zog die Wagendecke herauf, denn er sah jemanden durch das Tor kommen – allem Anschein nach eine Frau. Schnell lenkte er das Pferd nach links und bog in den Kreuzweg ein. Der Weg verlief schnurgerade und war nach beiden Seiten ungedeckt; ungefähr drei Meilen weiter jedoch kam eine scharfe Biegung und ein Wald – er war froh, als er dort angelangt war. Gleich hinter der Wegbiegung ließ er das Pferd in Schritt fallen und griff abermals nach seiner Ho... – wieder zu spät!
Vor ihm standen Mrs. Enderby, Mrs. Glossop, Mrs. Taylor und Mary. Sie kamen zu Fuß und schienen erschöpft und aufgeregt. Unverzüglich traten sie an den Einspänner heran, schüttelten ihm die Hand redeten durcheinander und erklärten ihm voll Eifer und Aufrichtigkeit, wie froh sie seien, ihn getroffen zu haben – welch ein Glück das doch sei. Mit Emphase bemerkte Mrs. Enderby:

»Es sieht aus wie purer Zufall, daß er gerade jetzt kommt – aber wir sollten uns hüten, ein so unheiliges Wort zu gebrauchen; denn er ist gesandt – vom Himmel ist er gesandt!«

Alle waren gerührt, und Mrs. Glossop setzte mit bewegter Stimme hinzu:

»Sarah Enderby, nie in deinem ganzen Leben hast du ein wahreres Wort gesprochen. Dies ist kein Zufall – es ist der Wille der Vorsehung. Er ist uns gesandt! Er ist ein Engel, so leibhaftig, wie je ein Engel erschienen ist – ein rettender Engel. Jawohl, Sarah Enderby, ich sage: ein Engel, und ich lasse kein anderes Wort gelten. Niemand soll noch einmal behaupten, es gäbe keine Vorsehung – denn wenn ihre Hand hier nicht sichtbar ist, so soll es mir erklären, wer es besser weiß!«

»So ist es – ich weiß es«, bestätigte Mrs. Taylor voll Inbrunst. »Ich könnte Sie anbeten, John Brown – ich könnte vor Ihnen auf die Knie fallen. Sagt Ihnen nicht Ihr Gefühl, daß Sie gesandt sind? Ich könnte den Saum Ihrer Wagendecke küssen!«

Hilflos vor Scham und Angst, brachte er kein Wort heraus. Mrs. Taylor fuhr fort:

»Du kannst es drehen und deuten, wie du willst, Julia Glossop – jedermann wird die Hand der Vorsehung darin erkennen. Was sehen wir, gerade um die Mittagszeit? Rauch sehen wir aufsteigen, und ich sage: ›Das ist doch das Häuschen, in dem die Alten wohnen – da brennt es!‹ Habe ich das nicht gesagt, Julia Glossop?«

»Mit denselben Worten, Nancy Taylor. Ich stand nicht weiter von dir entfernt als jetzt, und ich habe sie gehört. Möglich, daß du ›Hütte‹ statt ›Häuschen‹ gesagt hast, aber dem Sinne nach ist es daßelbe. Und außerdem wurdest du bleich.«

»Bleich? Ich war fahl wie – nun, man könnte sagen: wie diese Wagendecke hier! Und dann habe ich gesagt: ›Mary Taylor, sag dem Kutscher, daß er anspannen soll – wir müssen ihnen zu Hilfe kommen!‹ Aber sie antwortete mir: ›Mutter, weißt du denn nicht mehr, daß du ihm gesagt hast, er könnte zu seinen Leuten fahren und über Sonntag wegbleiben?‹ Und so war's denn auch. Ich hatte es vergessen, das kann ich beschwören. ›Gut‹, sage ich, ›dann gehen wir eben zu Fuß.‹ Also gingen wir und trafen Sarah Enderby auf der Straße.«

»Und dann gingen wir zusammen hin«, fuhr Mrs. Enderby fort, »und entdeckten, daß die Verrückte die Hütte angezündet und niedergebrannt hatte; aber die armen, alten Geschöpfe waren so schwach und hinfällig, daß sie nicht zu Fuß laufen konnten. Wir brachten sie an eine schattige Stelle und machten es ihnen so bequem, wie wir nur konnten; dann erst fingen wir an zu überlegen, auf welche Weise wir sie am besten in Nancy Taylors Haus brächten. Und da sagte ich – was sagte ich doch? Sagte ich nicht: ›Die Vorsehung wird uns helfen‹?«

»So wahr du lebst, das hast du gesagt! Ich hatte es nur vergessen.«

»Ich auch«, bestätigten Mrs. Glossop und Mrs. Taylor, »aber du hast es gesagt, ganz gewiß. Ist es nicht ein wahres Wunder?«

»Ja – das habe ich gesagt. Und dann liefen wir zwei Meilen bis zu Mr. Moseleys Farm, aber es war niemand da – alle waren beim Waldgottesdienst in Stony Fork; wir mußten den ganzen Weg von zwei Meilen noch einmal machen und gingen dann noch eine Meile bis hier – aber die Vorsehung hat uns dennoch geholfen. Ihr seht es selbst!«

Voll Ehrfurcht sahen sie einander an, hoben die Hände und sagten einstimmig:

»Es ist wirklich ein Wunder!«

»Und was, meint ihr«, fragte Mrs. Glossop, »tun wir nun am besten? Sollen wir Mr. Brown die beiden Alten einzeln zu Nancy Taylor bringen lassen, oder soll er sie beide in den Einspänner setzen und das Pferd führen?«

Brown schnappte nach Luft.

»Tatsächlich, das fragt sich«, sagte Mrs. Enderby, »wir sind alle so ziemlich am Ende unserer Kräfte – es wird schwierig sein, wie wir es auch anfangen. Denn wenn Mr. Brown beide auf einmal abholt, müßte er zumindest eine von uns mitnehmen, die ihm hilft – allein schafft er es nicht, sie beide in den Wagen zu laden, hilflos, wie sie sind.«

»Das stimmt schon«, bestätigte Mrs. Taylor, »es geht einfach nicht – wenn es auch das beste gewesen wäre! Eine von uns muß mit Mr. Brown fahren, und die anderen gehen zu Fuß zu mir nach Hause und bereiten alles vor. – Ich fahre mit ihm. Zu zweit schaffen wir es, eine der Alten in den Wagen zu heben; dann fahren wir sie zu mir und …«

»Aber wer kümmert sich in der Zwischenzeit um die andere?« fragte Mrs. Enderby. »Ihr wißt, daß wir sie nicht im Wald alleinlassen können – besonders die Verrückte nicht. Hin und zurück – das ist schließlich ein Weg von acht Meilen.«

Sie hatten sich alle neben dem Einspänner im Gras niedergelassen, um ihre müden Glieder auszuruhen. Für ein oder zwei Minuten schwiegen sie, in Gedanken mit der verworrenen Situation ringend; dann hellte sich Mrs. Enderbys Miene auf, und sie erklärte:

»Ich glaube, ich hab's. Laufen können wir nicht mehr – bedenkt, was wir hinter uns haben: vier Meilen Hinweg, zwei zum Haus der Moseleys, das macht sechs, und dann hierher – das sind neun Meilen seit Mittag, und dabei nicht ein Bissen zu essen – ich weiß nicht, wie wir es überhaupt geschafft haben; was mich betrifft, so sterbe ich beinahe vor Hunger. Dennoch muß irgend jemand mit zurückgehen und Mr. Brown helfen, daran führt kein Weg vorbei; aber wer es auch ist – er muß fahren und nicht laufen. Deshalb schlage ich vor: Eine von uns fährt mit Mr. Brown zurück und dann mit einer der Alten zu Nancy Taylors Haus, während Mr. Brown der anderen Alten Gesellschaft leistet. Ihr alle geht jetzt zu Nancys Haus, ruht euch aus und wartet; dann fährt eine von euch zurück, holt die andere Alte, bringt sie zu Nancys Haus, und Mr. Brown läuft.«

»Ausgezeichnet!« riefen alle. »ja, so geht es – das ist genau das Rechte!« Und alle bestätigten Mrs. Enderby, sie habe den feinsten Kopf, wenn es um das Entwerfen von Plänen ginge – sie fragten sich nur, setzten sie hinzu, weshalb ihnen diese einfache Lösung nicht selbst eingefallen wäre. Sie wollten damit das gespendete Kompliment nicht wieder zurücknehmen, die braven, schlichten Seelen – sie merkten nur nicht, daß sie es taten. Nach einiger Beratung kam man zu dem Beschluß, daß Mrs. Enderby mit Mr. Brown zurückfahren sollte – der Gedanke stammte von ihr, also stand ihr auch die Ehre zu. Nachdem die Sache zu allgemeiner Zufriedenheit in die Wege geleitet war, erhoben sich die Damen, glücklich und erleichtert, strichen ihre Röcke glatt und machten sich auf den Heimweg. Mrs. Enderby setzte bereits den Fuß auf das Trittbrett des Einspänners und war im Begriff, einzusteigen – da fand Brown endlich einen Rest seines Sprachvermögens wieder und stieß hervor:

»Bitte, Mrs. Enderby, rufen Sie sie zurück – ich fühle mich sehr schwach; ich kann nicht laufen – wirklich nicht.«

»Aber – lieber Mr. Brown! Tatsächlich, Sie sehen blaß aus; wie schäme ich mich, daß ich es nicht früher bemerkt habe! Kommt zurück – kommt alle zurück! Mr. Brown fühlt sich nicht wohl. Kann ich etwas für Sie tun, Mr. Brown? Es tut mir wirklich leid! Haben Sie Schmerzen?«

»Nein, nein, Madam – ich fühle mich nur schwach, ich bin nicht krank, nur schwach, ganz auf einmal: Vorhin fühlte ich mich noch wohl – es kam ganz plötzlich.«

Die anderen kamen zurück, überschütteten ihn mit ihrem Mitgefühl und ihrer Anteilnahme und machten sich heftige Vorwürfe, seine Blässe nicht eher bemerkt zu haben. Unverzüglich ersannen sie einen neuen Plan und einigten sich bald darauf, daß es bei weitem der beste wäre. Sie wollten alle zu Nancy Taylors Haus zurückkehren und sich zuerst um Mr. Brown kümmern. Er konnte sich im Wohnzimmer aufs Sofa legen, und während Mrs. Taylor und Mary sich seiner annahmen, würden die beiden anderen Damen den Einspänner nehmen und eine der Alten holen, die andere konnte bei der zweiten Alten bleiben, und …

Schon hatten sie unaufgefordert das Pferd am Halfter ergriffen und begonnen, den Wagen zu wenden. Wieder bestand unmittelbare Gefahr, doch Brown gelang es, abermals seiner Stimme Herr zu werden und sich zu retten. Er sagte:

»Aber meine Damen – Sie übersehen einen Umstand, der den Plan undurchführbar macht. Denn wenn Sie eine nach Hause bringen, und eine von Ihnen bleibt mit der anderen zurück, dann sind drei Personen da, wenn eine von Ihnen zurückkommt, um die andere zu holen – irgendwer muß ja schließlich den Einspänner wieder hinlenken; und drei können nicht darin nach Hause fahren.«

Alle riefen: »Aber natürlich, das stimmt ja!«– und waren von neuem bestürzt.

»Was machen wir nur?« sagte Mrs. Glossop. »Das ist die verzwickteste Geschichte, die es je gab. Die Sache mit dem Fuchs, der Gans und dem Korn ist nichts dagegen!«

Wieder ließen sie sich erschöpft nieder, um sich die geplagten Köpfe von neuem nach einem ausführbaren Plan zu zermartern. Endlich wagte Mary einen Vorschlag – es war ihr erster Versuch. Sie sagte:

»Ich bin jung und kräftig, und ich habe mich inzwischen ausgeruht. Bringt Mr. Brown in unser Haus und helft ihm – ihr seht ja, daß er dringend Hilfe braucht. Ich gehe zurück und kümmere mich um die alten Leutchen; in zwanzig Minuten kann ich bei ihnen sein. Und ihr macht euch auf und tut, was ihr von Anfang an vorhattet – ihr wartet bei unserem Haus an der Hauptstraße, bis jemand mit einem Wagen vorbeikommt; den schickt und laßt uns drei abholen. Lange werdet ihr ja nicht zu warten brauchen; die Farmer kommen jetzt bald aus der Stadt zurück. Ich halte die alte Polly bei Geduld und guter Laune – bei der Verrückten ist das wohl ohnehin nicht nötig.«

Dieser Plan wurde erörtert und angenommen. Unter den gegebenen Umständen schien es das beste, was getan werden konnte; denn die alten Leute mochten mittlerweile anfangen, den Mut zu verlieren.

Brown fühlte sich erleichtert und war von Herzen dankbar. Wenn man erst einmal die Hauptstraße erreicht hatte, würde sich schon eine Gelegenheit finden, zu entwischen. Aber da sagte Mrs. Taylor:

»Es kann nicht mehr lange dauern, bis der Abend kommt und es kühl wird; die armen abgebrannten Alten werden etwas brauchen, um sich zu wärmen. Nimm doch die Wagendecke mit.«

»Ja, Mutter, das will ich tun.«

Sie trat an den Einspänner heran und streckte die Hand aus, um die Decke zu nehmen …

Das war der Schluß der Geschichte. Der Mitreisende, der sie erzählte, bemerkte dazu, er sei an dieser Stelle unterbrochen worden, als er sie vor fünfundzwanzig Jahren gelesen habe – sein Zug stürzte von einer Brücke.

Anfangs glaubten wir, die Geschichte unschwer vollenden zu können, und machten uns voll Selbstvertrauen ans Werk. Bald jedoch stellte sich heraus, daß es keineswegs einfach war, sondern schwierig und verwirrend. Vor allem lag es am Charakter Browns – große Hilfsbereitschaft und Freundlichkeit, kompliziert allerdings durch eine ungewöhnliche Schüchternheit und Verschämtheit, besonders in Gegenwart von Damen. Da war seine Liebe zu Mary – in einem hoffnungsvollen Stadium, aber noch nicht in Sicherheit, also in der Tat gerade in einem Zustand, in dem die Sache mit viel Takt behandelt werden mußte und weder ein Fehler noch eine Herausforderung vorkommen durfte. Und da war die Mutter, schwankend, halb einverstanden – durch ein gewandtes, einwandfreies Verhalten jetzt zu gewinnen oder vielleicht niemals mehr. Weiter waren da die beiden hilflosen Alten, die tief im Walde warteten – ihr Schicksal und Browns Glück entschied sich mit dem, was er in den nächsten zwei Sekunden tun würde. Mary langte nach der Wagendecke – Brown mußte sich entscheiden; es war keine Zeit zu verlieren.

Natürlich konnte die Jury nur ein glückliches Ende der Geschichte akzeptieren; zum Schluß mußte Brown bei den Damen in hohem Ansehen stehen, sein Verhalten mußte ohne Tadel sein, seine Sittsamkeit unversehrt, der Ruf seiner Hilfsbereitschaft unbeeinträchtigt, die alten Leute durch ihn, ihren Wohltäter, gerettet, alle Beteiligten stolz auf ihn, glücklich durch sein Verdienst, sein Lob in aller Munde.

Wir versuchten, dieses Ziel zu erreichen – aber es schien verschanzt hinter hartnäckigen, unüberwindlichen Schwierigkeiten. Daß Browns Schamhaftigkeit es ihm nicht gestattete, die Wagendecke herzugeben, war uns klar. Damit aber würde er Mary und ihre Mutter beleidigen. Zudem würde sein Verhalten die anderen Damen überraschen – teils, weil Selbstsucht angesichts leidender alter Leute nicht mit dem Charakter Browns zu vereinbaren war, teils, weil eine ganz besondere Vorsehung ihn herbeigeführt hatte und er nun nicht in der Lage war, dementsprechend zu handeln. Aufgefordert, sein Benehmen zu erklären, würde ihm seine Schüchternheit nicht gestatten, die Wahrheit zu sagen, und da ihm Übung und Phantasie abging, war er auch nicht fähig, eine überzeugende Lüge zu erfinden. Wir beschäftigten uns mit diesen mühseligen Fragen bis drei Uhr morgens.

Inzwischen langte Mary noch immer nach der Wagendecke. Aber wir gaben es auf und beschlossen, sie weiter danach langen zu lassen. Sich auszumalen, welches Ende die Geschichte nahm, mag dem Leser überlassen bleiben.